미국 영어와 영국 영어를 비교합니다

미국 영어와 영국 영어를 비교합니다

지은이 케빈 강(강진호)·윤훈관
초판 1쇄 인쇄 2019년 4월 5일
초판 1쇄 발행 2019년 4월 18일

발행인   박효상 | 총괄이사 이종선 | 편집장 김현
기획·편집   김효정 | 편집 신은실, 김설아
디자인   이연진 | 본문·표지 디자인·조판 신덕호
마케팅   이태호, 이전희 | 관리 김태옥
종이   월드페이퍼
인쇄 제본   현문자현
출판등록   제10-1835호 발행처 사람in
주소   04034 서울시 마포구 양화로 11길 14-10(서교동, 강화빌딩) 3층
전화   02)338-3555(대표번호) | 팩스 02)338-3545
E-mail   saramin@netsgo.com | Homepage www.saramin.com

ISBN
978-89-6049-756-6 14740
978-89-6049-686-6 세트

사람이 중심이 되는 세상

미국영어와 영국영어를 비교합니다

OKer 시리즈

케빈 강(강진호)
윤훈관 저

하나를 보다
잘 알기 위한 비교

American English
British English

사람in
saram
in.com

일러두기

— 발음기호는 영국식/미국식의 순서로 제시하였습니다.

— 일부 챕터의 경우, 프랙티스의 목표에 따라
미국 영어/영국 영어의 순으로 제시하였습니다.

서문

같은 듯 서로 다른 영국 영어와 미국 영어

영어를 공부하다 보면 한 번쯤은 영국 영어와 미국 영어의 차이점들에 관해 고민해보게 됩니다. 우리가 알고 있는 워터 [water]나 토마토 [tomato] 등 많은 단어들이 영국 영어와 발음이 더 비슷하지만, 스케줄 [schedule]이나 피규어 [figure] 같은 단어들이 영국 영어에서 마치 '쉐줄', '휘거'처럼 들릴 때는 우리가 알고 있는 것과 소리가 너무 달라 알아 듣기 어렵고 아예 내가 모르는 다른 단어로 생각하기도 하죠.

'러닝셔츠'는 말은 영국에서는 우리가 조끼로 알고 있는 vest라고 하지만 미국에서는 undershirt라고 하며 이 밖에도 영국에서는 '센터'를 centre로 미국에서는 center로 적다 보니 같은 단어임에도 불구하고 우리에게는 혼동을 주기도 합니다.

우리는 과거의 공교육 시스템에서는 영국 영어를 표

준어로 배우다가 점차 미국 영어가 표준으로 바뀌게 되는 극적인 변화를 경험하면서 무의식적으로 영국 영어와 미국 영어를 혼용해서 사용하게 되었습니다. 사용하는 표현들이 일관성 없이 영국 영어와 미국 영어가 혼재되다 보면 영어 원어민의 입장에서는 설마 섞어서 표현하지는 않을 것이라고 생각하기 때문에 이해하기 어려울 때가 많게 되죠.

여기서 안타까운 것은 사실 영국 영어와 미국 영어가 95% 이상 거의 비슷하지만 5% 미만의 이러한 차이들을 잘 모르고 있기 때문에 우리에게는 너무나 다르게 느껴진다는 것입니다. 영어 공부를 하면서 생기는 이러한 궁금증은 영어에는 우리가 알기 어려운 미지의 세계가 있는 것처럼 답답함과 갈증을 느끼게 합니다. 이 책은 이러한 고민을 해결하기 위해서 두 저자가 실제로 미국과 영국에서 오랜 기간 체류하면서 직접 경험했던 지식들을 함께 나누어 독자분들이 영국 영어와 미국 영어를 쉽게 이해하고 상황에 맞게 적용하도록 준비됐습니다.

영어 공부를 하다가 한번쯤 영국 영어와 미국 영어의 차이를 알고 싶은 욕구가 생긴 학습자들에게 정확한 정보를 제공해 이러한 답답했던 갈증을 해소하고 상황에 맞는 표현을 쓸 수 있는 가이드를 드리고자 합니다. 영어에 입문하시는 분들에게는 학습초기부터 영국 영어와 미국 영어의 차이점을 정확하게 알고 시작함으로써 분별력을 높여 듣기와 말하기의 일관된 패턴을 쉽게 이해하고 적용할 수 있게 되어 영어의 자신감을 심어 드릴 수 있습니다.

이 책에서는 근본적으로 영국 영어와 미국 영어가 왜 차이가 생기게 됐는지 역사적인 배경부터 영어발음, 어휘, 표현, 문법 및 철자 표기의 차이에 대한 부분을 재미있는 대화 구성과 영국 영어와 미국 영어의 비교 구성을 통해서 쉽게 이해할 수 있도록 했습니다. 또한 체계적인 구성을 위해 분야별 차이를 밝혔지만, 영국 영어와 미국 영어의 차이가 가장 궁금했던 부분부터 자유로이 펼쳐 보셔도 좋겠습니다.

책과 함께 제공되는 mp3 음성 파일로 영국인과 미국인의 발음과 표현을 비교해서 듣고 따라 말하다 보면 어느덧 두 언어의 차이를 자신 있게 정확히 구별해서 사용하고 있는 여러분의 모습을 보시게 될 것입니다. 자, 그럼 지금부터 재미있는 영국 영어와 미국 영어의 세계로 함께 떠나 볼까요?

Have you
your

Yes, I had
my *Fren*

finished
hips?

enough of
ch fries.

Overview

나무는 뿌리에서 시작하여 가지를 칩니다. 깊이 자리잡은 뿌리가 있기에 가지가 마음 놓고 자랄 수 있는 것입니다. 언어를 하나의 나무라고 보고, 언어 학습을 그 하나의 나무가 자라는 과정이라고 생각할 때, 우리는 뿌리 깊은 나무를 길러나가는 데에 초점을 맞추어야 합니다. 뿌리가 튼실하지 않고 가지만 많은 나무는 금새 말라 비틀어질 수 있으니까요.

여러분의 영어나무는 어떤가요? 영어 공부에 있어 뿌리가 깊은 나무처럼 기초를 탄탄히 다지고 공부를 하고 있나요, 아니면 앙상한 가지들만 많이 달린 채로 공부를 하고 있나요? 처음부터 뿌리 깊은 공부를 하고 계셨다면 고교 내신, 수능을 거치면서 영어회화, 공무원, 토익 시험 등을 보는 데에 큰 어려움을 겪지 않았을 것입니다. 언어란 하나의 확고한 틀을 다져 놓았다면 이 틀을 기반으로 해서 여러 가지 변형된 결과물을 만들어

내는 과정에 불과하다는 것을 알고 있을 테니까요. 하지만 만약 여러분이 확고한 틀을 가지고 있는 상태가 아니라, 그때그때의 결과물을 뽑아내는 데 급급해 왔다면 어떠한 목적으로 영어 공부를 하든 간에 어려움을 겪어 왔을 것입니다.

영어나무의 뿌리를 깊게 다지다 보면 어느 순간에는 튼실한 몸통에서 두 갈래의 줄기가 나누어지기 시작합니다. 바로 영국 영어와 미국 영어라는 가지이죠. 어떠한 환경에서 영어 교육을 받고 자랐느냐에 따라서 이 두 가지의 크기와 발달 정도는 많이 다를 수도 있습니다. 사람들은 이러한 두 개의 분리된 줄기가 각자 큰 가지를 만들어서 수풀이 무성한 두 갈래의 나무가 만들어질 것으로 생각합니다. 하지만 실제 이 영어나무는 올곧게 자란 큰 줄기에 나뭇잎들이 무성하게 자라고 그 옆에 아주 작게 영국 영어와 미국 영어라는 곁가지가 붙어 있는 것과 같습니다.

즉, 영국 영어와 미국 영어 모두 근본적으로 같은 뿌리와 몸통을 가지고 있는 '영어'입니다. 좁은 의미에서 영어란 영국인들이 사용하는 언어임과 동시에 그 언어를 사용하는 사람들이 식민지 개척을 위해서 진출한 미국이라는 나라의 구성원이 되면서 확장된 언어입니다. 좀 더 넓게 본다면 영어란 세계 공용어로서 다른 나라 사람과 원활하게 의사를 전달하고 소통을 하기 위한 도구이기도 합니다.

초·중·고 교과 과정을 거치면서 미국 영어에 좀 더 익숙해져 있는 우리나라 학습자들에게 시중에 나와 있는 대다수의 영국 영어 학습자료들은 여러분이 기존에 알고 있던 것과는 다른 '새로운' 것들을 알려주는 데에 초점을 맞춥니다. 표현, 발음 및 문화의 차이 등 차이점에 기반을 두고 학습하는 것이죠. 이렇게 보면 얼핏 보기에는 두 나라의 영어는 완전히 다른 언어인 것처럼 보입니다. 사실은 같은 몸통에 곁가지가 약간 다르게 자란 것뿐인데 말이죠.

평생을 영국에서만 살아온 사람이 미국에서만 살아온 사람과 각각 영국 영어와 미국 영어로 소통을 할 때 서로의 말을 이해할 수 없을까요? 아닙니다. 신기하게도 발음과 표현이 많이 달라서 서로 다른 언어를 구사하는 것처럼 느껴질 수도 있지만 실제로 영화나 드라마에서 영국인과 미국인이 대화를 나누는 것을 보면 아무런 위화감 없이 서로 편하게 의사 소통을 하고 있는 것을 볼 수 있습니다.

다음 영국인과 미국인의 대화를 확인해 볼까요?

영국인: Have you finished your chips?   감자튀김 다 드셨나요?

미국인: Yes, I had enough of my French fries.   네, 많이 먹었어요.

영국에 관심이 많은 사람들은 영국을 대표하는 음식 중 하나가 fish and chips라는 생선살 튀김에 감자튀김을 곁들인 요리라는 것을 알고 있습니다. 위에서와 같이 영국에서는 감자튀김을 chips라고 부르는 반면에 미국에서는 French fries라고 부릅니다. 감자튀김을 서로가 다르게 표현한다고 하더라도 대다수의 영국인과 미국인은 이미 French fries와 chips가 사실 같은 말이라는 것을 다양한 지식 경험을 통해서 이미 알고 있습니다.

즉, 두 나라의 언어의 '차이점'에 대해서는 영국과 미국 모두 이미 오랫동안 서로 인지해왔으며, 이에 대해서 공통적인 관심을 가지고 있기 때문에 마치 대한민국 사람과 북한 사람이 서로의 말을 충분히 이해하듯이 이들 역시 차이가 있더라도 서로의 언어를 충분히 이해할 수 있는 것입니다.

이는 여러분이 우리말과 북한말을 같은 '한국말'이라고 인지하는 것과 같은 맥락에 있습니다. 북한말 특유의 발음, 억양 및 일부 표현에서 우리가 '생소함'은 느낄 수 있겠지만 그렇다고 우리말과 북한말이 '완전히 다른 언어'라고 말할 수는 없습니다. 물론 왕성한 지식 문화교류가 있었던 영국과 미국과는 달리 최근까지 문화적 교류가 적었던 우리나라와 북한의 경우에는 실제로 한국말로 대화를 하더라도 영국인과 미국인이 하는 대화보다 더 소통이 어려울 수도 있습니다. 하물며 영국과 미국은 분단 국가도 아니고, 정치, 경제적으로 우호적인 협력 관계이며 강대국이라는 점을 비롯하여 여러 문화적 동질성도 가지고 있습니다. 그만큼 교류도 많이 이루어졌기 때문에 두 언어는 많은 부분에서 유사하고 미묘한 차이점 또한 많이 공유해왔으며 심지어는 지금도 언어 및 문화에 다각도로 영향을 미치고 있습니다.

그렇기 때문에 필자가 보기에 영국 영어와 미국 영어는 우리말로 따지면 마치 서울말과 강원도 방언 정도의 차이라고 볼 수 있습니다. 강원도 방언으로 "아부지, 어머이, 성님, 동상이랑 밥 먹었드래요."라는 말을 듣고 대다수 한국인들은 발음과 표현이 약간 다르지만 "아버

지, 어머니, 형님, 동생이랑 밥 먹었어요."라고 쉽게 이해
할 수 있겠죠.

　미국인이 영국인과의 대화를 쉽게 이해하는 것과 다
르게 미국 영어로만 평생을 배워온 우리나라 사람이 영
국 영어를 접하면 무슨 말을 하는 것인지 이해가 되지
않을 수도 있습니다. 실제로 영국 영어가 우리가 느끼는
만큼 큰 차이를 가지고 있지 않음에도 불구하고 우리에
게 익숙한 미국 영어와는 전혀 다른 발음과 표현으로
와 닿기 때문이죠.

　이는 마치 서울에서 표준 한국어를 구사하는 것에만
익숙한 외국인이 지방에 내려가서 걸쭉한 사투리를 쓰
는 어르신이 아래와 같이 표준어와 다른 발음과 표현으
로 말했을 때 느끼는 당혹스러움과 같습니다.

　"나가 느그가 생각하는 그으른(그런) 사람이 아니당
게. 눈치 뵈뿔지 말고 노래방가 함 질러볼랑게, 같이 가
볼까잉?"

　발음과 표현이 다르더라도 다양한 사투리를 직·간접
적으로 경험한 성인이라면 위 문장의 내용을 이해하는
데 큰 어려움은 없을 것입니다. 하지만 오로지 표준어만
알고 있는 외국인에게는 너무나 다른 발음, 억양 및 표현

들 때문에 의미를 이해하는 것이 많이 어려울 것입니다.

　결국 말하고자 하는 바는 이것입니다. "영국 영어와 미국 영어 두 언어는 본질적으로 같은 언어이다." 하지만 우리는 영국인도 미국인도 아니기 때문에 이 두 나라의 영어를 배워나가는 학습자 입장에서는 이들처럼 서로의 언어를 자연스럽게 받아들이기에는 한계가 있을 것입니다. 따라서 현실적으로 어떻게 하면 두 영어의 차이점을 효율적으로 배워가면서 특히 우리에게는 생소한 영국식 영어를 쉽게 받아들일 수 있을지 그 방법을 알아보겠습니다.

영국 영어와 미국 영어는
어떻게 다르죠?

1

영국 영어 미국 영어 이렇게 공부하면 됩니다!
— '차이점' 이전에 '공통점'을 먼저 떠올려라

인간의 기억력은 그리 좋지 않습니다. 따라서 무언가를
기억하기 위해서는 그 기억의 '단서'가 필요합니다. 차이
점에 기인하면 단서는 2개부터 시작하지만 공통점에 기
인하면 단서는 1개부터 시작합니다. 예를 들어 '둥근 교
차로'를 의미하는 로터리를 영국에서는 roundabout, 미
국에서는 traffic circle이라고 부릅니다. 이러한 표현에
대해 익숙해지기 위해서는 단순히 두 단어가 따로 존재
한다는 것을 학습하기보다는 두 단어 각각에 round라
는 말과 circle이라는 말이 들어 있고 뜻 또한 여기서 파
생된 것임을 이해하는 것이 우선입니다. 즉, 로터리라는
영어 표현이 영국, 미국 모두 '원형의 사물'을 지칭하기
때문에 비슷하지만 다른 방식으로 표현하고 있는 것이
죠. 이렇듯 공통점에서 기반해서 차이점으로 확장시켜
나가는 방식으로 두 언어의 차이를 체계적으로 학습하
는 것이 좋습니다.

자신의 영어 학습 수준의 '단계'를 인지하라.

영국 영어와 미국 영어의 차이점을 학습하기 이전에 여

러분은 먼저 영어라는 언어를 학습하는 자신의 '단계'를 인지하여야 합니다. 자신의 수준이 어느 정도인지를 알아야 영국 영어를 배우건, 미국 영어를 배우건 간에 여러분에게 맞는 학습을 할 수가 있습니다. 이는 단순해 보이지만 매우 중요한 사실입니다. 여러분은 무언가를 학습하는 데에 있어서 언제나 '단계'를 거쳐왔을 것입니다. 중급 수준의 단계에 가기 이전에는 초급 단계를 마무리해야 하고, 고급 단계에 올라가기 위해서는 중급 단계를 마무리해야 하는 것처럼 항상 일정한 수준의 실력을 갖추고 난 후에 그 다음 수준으로 넘어가게 되어 있습니다. 그러한 '단계'라는 것을 건너뛸 때에는 어떤 일이 벌어질까요? 대학 시절 전공 수업을 들었던 때를 한번 떠올려보세요. 교수님이 하는 말을 알아들을 수 있었나요?

분명 한국어로 수업하고 있는데 외국어보다도 더 생소하다고 느낄 때가 있지 않았나요? 그것이 바로 학습 '단계'의 중요성입니다. 자신이 준비가 되어 있지 않으면 교수님이 무슨 말을 하건 머릿속에 들어오지 않습니다. 언어 학습 과정도 이와 유사합니다. 다만 영어 학습은 '이해'의 단계 이상으로 단어나 표현, 그리고 발음을 머릿속에 각인하고 암기하는 복잡한 과정을 거치게 됩니다. 만약 자신의 단계를 인지하지 못하고 무턱대고 '새로운 영어', '생소한 영어'를 배워나가는 즐거움에만 빠지게 되면 보다 효율적인 학습을 할 수가 없을뿐더러 차이점에만 초점을 맞추어 학습하게 될 것입니다. 본질적으로 두 언어가 가지고 있는 공통점을 이해해는 것이 우선인데도 말이죠.

하나의 언어를 학습한다는 것은 그 언어의 문화를 이해하는 것과 동일선상에 있습니다. 문화는 겉핥기식으로 배워서는 절대로 온전히 이해할 수 없습니다. 그렇기 때문에 영국식과 미국식 영어의 단순한 차이점만 몇 개 배운다고 해서 본질적인 영어 실력이 상승하는 것도 아닙니다. 여러분의 수준을 파악하고 그 수준에 맞추어서 실생활에 활용할 수 있는 필요한 부분부터 먼저 학습해야 합니다.

영국 영어든 미국 영어든 하나를 잘 배워 놓으면 다른 하나를 이해하는 것이 훨씬 수월하다

만약 기초적인 영단어 및 기초 회화표현을 모르는 상태에서 이 책을 읽는다면 내용이 다소 어렵게 느껴질 수 있습니다. 내가 아직 하나도 똑바로 모르는데 다른 것을 잘

이해할 수 있을까 하는 의문이 들면서 이런 내용을 내가
지금 알아야 할 필요가 있을까 할지도 모릅니다. 하지만
여러분이 실생활에서 영국 영어와 미국 영어의 차이점을
직접 느끼고 무엇이 어떻게 다를까 하는 고민을 해본 적
이 있다면, 이 책은 실질적으로 두 언어의 차이를 비교하
면서 더 높은 차원의 즐거움을 줄 수 있을 것입니다. 영
국 영어든 미국 영어든 둘 중 하나를 어느 정도 이해하고
있다면 이 책에서 다루는 다양한 차이점들이 확실하게
와 닿고 또한 실제 원어민을 만났을 때 테스트 해보고 싶
은 욕심마저 생기게 될 테니까요.

많이 배우고 많이 써먹고 많이 실수하라

언어는 수학처럼 정해진 틀에 대입하여 적용하는 면도
없진 않지만, 오히려 상황과 맥락에 따라서 기존의 방
식과는 다르게 사용하는 경우가 많습니다. 또한 언어는
시대에 따라서 유행을 타기도 하고 다양한 문화와 타
언어에 영향을 받아서 지속적으로 사라지기도 하고 새
로운 말이 생겨나기도 합니다. 이 책에서 다루는 다양
한 영어 표현들도 20년 후에는 계속 활용되고 있을 수
도 있고 옛말로 여겨지며 사라질 수도 있을 것입니다.

그러다 보니 아무리 학습 자료를 통해서 여러분이 배운 다 한들 실생활에서 사용하는 영어 표현, 발음, 문법 방식이 여러분이 생각하는 것과 어느 정도의 차이가 있을 수 있는 것입니다. 그렇기 때문에 이를 마음 편히 받아들이고 주변의 영국인과 미국인에게 배운 것을 적용해 보고 시행착오를 겪으면서 배운 표현들을 스스로 체득하는 것이 매우 중요합니다.

네이버 영어사전의 미국, 영국식 발음
듣기 기능을 적극 활용하자

네이버 영어사전은 영어단어의 한글 뜻뿐 아니라 영영사전의 의미, 예문 및 유의어까지 각 단어와 관련된 다양한 연관 정보를 제공합니다.

무엇보다도 네이버 영어사전을 통해서 각 단어들의 미국식·영국식 발음 기호와 원어민 음성을 확인할 수 있습니다. 네이버 영어사전으로 영어 공부를 할 때 각 단어의 강세 위치를 찾는데 어려움을 겪는 경우가 많은데요, 사전의 발음 기호 안에 있는 체크된 강세 마크 뒤쪽에 있는 음절에 강세가 있습니다.

예를 들어 massage를 검색하면 미국 영어는 [məˈsɑːʒ],

영국 영어는 [ˈmæsɑːʒ]로 발음 기호가 표기가 되어 있는데 미국 영어는 [ˈsɑː]부분에 강세가 있고 영국 영어는 [ˈmæ]에 강세가 있는 것이죠.

가끔씩 demonstration [ˌdemənˈstreɪʃn]처럼 긴 단어들은 강세 마크가 아래, 위 두 군데로 [ˌ ˈ]처럼 되어 있는데 위쪽에 있는 강세 마크가 1강세 위치로 [ˈstreɪ] 부분을 가장 크게 읽어야 하고 아래 쪽에 있는 강세 마크가 2강세 위치로 [ˌde] 부분을 두 번째로 크게 읽어야 합니다.

영국 영어와 미국 영어를 혼용해서 쓰는
대한민국 영어 교육

한국인이 학교에서 배운 영어로 외국에 나가서 대화를 나누다 보면 외국인의 영어가 우리가 알고 있는 것과 많이 달라서 소통하기가 어려울 때가 있습니다.

그 이유는 우리나라는 비영어권 국가에서는 미국식 영어를 기준으로 초·중·고교 교과 과정을 배우는 세계에서 거의 유일한 국가이기 때문이죠. 사실 미국을 제외한 대부분의 나라에서는 영국식 영어를 기반으로 배우고 소통합니다. 당장 가까운 중국이나 일본의 경우도 학교에서 영국식 영어를 기준으로 영어를 배우고 있고 제

영국식 영어

미국식 영어

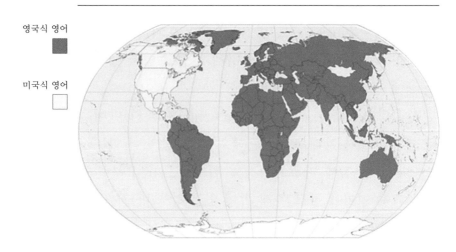

한된 일부 지역들과 기타 상류층의 경우 미국식 영어로 소통을 하죠.

　미국식 영어를 기준으로 하여 영어를 배우는 나라는 우리나라를 제외하고는 같은 북미 지역인 캐나다, 인접 국가인 쿠바와 미국 국경 근처의 멕시코 일부 지역, 그리고 미국의 식민지였던 필리핀 정도뿐입니다. 사실 우리나라도 예전에는 학교에서 영국식 영어를 기준으로 배우곤 했습니다. 한 예로, 영어 발음의 경우 우리나라에서 영국식 영어가 표준이었던 1980년대까지만 해도 대입 영어시험에서 영국 영어 발음을 기준으로 발음과 강세에 대한 문제를 2~3문항씩 다루기도 했었죠.

영국식 영어 발음으로 소통하는 지역: 유럽, 호주, 아프리카, 뉴질랜드, 남미, 우리나라를 제외한 아시아 국가들
미국식 영어 발음으로 소통하는 지역: 미국, 캐나다, 필리핀, 대한민국

　하지만 90년대 대입 수학능력시험부터 영어영역에 듣기평가 문항이 도입되면서 원어민 성우의 대화가 미국식 영어 표현과 영어 발음으로 진행되기 시작하였고 미국의 영어시험 관리기관인 ETS(Educational Testing Service)에서 만든 토익(TOEIC)과 토플(TOEFL) 시험이 국내에서 취업과 유학에 필수요소로 자리잡으면서 우리나라 영어 교육의 표준이 자연스럽게 미국식 영어로 바뀌게 됩니다.

　2000년대에 들어서는 영국, 호주, 뉴질랜드 그리고 심지어는 미국과 캐나다에서도 유학 및 이민을 위해서 영국과 호주 영어 시험기관에서 운영하는 IELTS (International English Language Testing System) 시험 점수가 TOEFL 점수를 대체할 수 있게 되었고 영국 영어권 국가의 워킹 홀리데이 프로그램이 선풍적으로 유행한 것과 더불어 영국, 호주, 뉴질랜드 등지로 향하는 유학 및 이민자의 수요가 급격하게 늘어나면서 영국식 영어에 대한 사람들의 관심도 커지게 되었습니다.

　또한 2006년에 개정된 TOEIC부터는 LC평가에서 영국식 발음이 추가되었고 2011년 EBS 전국 영어듣기 모의고사 때부터 영국식 발음과 표현들이 시험에 반영

80년대 학력고사 대입시험 예시	1. 다음 중 밑줄 친 부분의 발음이 다른 낱말을 고르시오 1) talked 2) missed 3) reached 4) naked 2. 다음 중 제1강세의 위치가 다른 단어를 고르시오. 1) temporary 2) ability 3) physician 4) technology

되기도 하였습니다.

그러다 보니 우리나라에 들어온 외래어들의 경우에
도 오래 전에 유입된 외래어들은 영국식 영어 발음을 기
준으로 해서 우리말로 고착화되고 최근에 만들어진 신
조어들은 미국식 영어 발음을 기준으로 표기가 되어 실
제 우리말에서는 영국 영어와 미국 영어를 혼용해 쓰는
경우가 많습니다.

다음의 우리말 표기와 영국식 그리고 미국식 발음의
차이를 들어보세요. 우리말로 표기된 외래어 발음이 영
국식 영어 발음과 비슷한 부분을 느낄 수 있을 것입니다.

하지만 일부 단어들은 우리말의 표기가 오히려 미국
영어 발음과 비슷한 것을 알 수 있습니다. 즉, 우리말로
말하는 많은 외래어들은 일정한 규칙이 없이 영국식과
미국식이 섞여 있어 일관성이 부족할 때가 많습니다.

최근 들어 박지성, 손흥민, 기성용 선수 등 한국 축구
선수들이 영국 축구 프리미어 리그에서 맹활약하고『해
리포터』,『반지의 제왕』같은 영국 영어를 기반으로 한 드
라마나 영화가 우리나라에서도 큰 인기를 얻게 되면서
영국 영어에 대해 동경뿐만 아니라 배우고 싶어 하는 영
어 학습자의 욕구도 그 어느 때보다 높습니다.

우리말 표기	영국식 영어 발음	미국식 영어 발음	우리말이
토마토 [tomato]	[təˈmɑːtəʊ]	[təˈmeɪtoʊ]	영국식
데이터 [data]	[ˈdeɪtə]	[ˈdætə]	영어 발음과
레저 [leisure]	[ˈleʒə]	[ˈliːʒər]	비슷한
바나나 [banana]	[bəˈnɑːnə]	[bəˈnænə]	단어들
마스크 [mask]	[mɑːsk]	[mæsk]	
미사일 [missile]	[ˈmɪsaɪl]	[ˈmɪsl]	
모바일 [mobile]	[ˈməʊbaɪl]	[ˈmoʊbl]	
허브 [herb]	[hɜːb]	[ɜːrb;hɜːrb]	
보디가드 [bodyguard]	[ˈbɒdigɑːd]	[ˈbɑːdigɑːrd]	
뉴스 [news]	[njuːz]	[nuːz]	
슈퍼마켓 [supermarket]	[ˈsjuːpəmɑːkɪt]	[ˈsuːpərmɑːrkət]	
쇼핑 [shopping]	[ˈʃɒpɪŋ]	[ˈʃɑːpɪŋ]	
오토 [auto]	[ˈɔːtəʊ]	[ˈɔːtoʊ]	
모닝 [morning]	[ˈmɔːnɪŋ]	[ˈmɔːrnɪŋ]	
모델 [model]	[ˈmɒdl]	[ˈmɑːdl]	
로비 [lobby]	[ˈlɒbi]	[ˈlɑːbi]	
모니터 [monitor]	[ˈmɒnɪtə]	[ˈmɑːnɪtər]	
코스모스 [cosmos]	[ˈkɒzmɒs]	[ˈkɑːzmoʊs]	
행거 [hanger]	[ˈhæŋgər]	[ˈhæŋər]	
재규어 [jaguar]	[ˈdʒægjuə]	[ˈdʒægwər]	
제트 [Z]	[zed]	[ziː]	

mp3.01

우리말표기	영국식 영어 발음	미국식 영어 발음	우리말이
댄스 [dance]	[dɑːns]	[dæns]	미국식
스케줄 [schedule]	[ˈʃedjuːl]	[ˈskedʒuːl]	영어 발음과
아이팟 [iPod]	[ˈaɪpɒd]	[ˈaɪpɑːd]	비슷한
피규어 [figure]	[ˈfɪgə]	[ˈfɪgjər]	단어들
프라이버시 [privacy]	[ˈprɪvəsi]	[ˈpraɪvəsi]	

여러분은 이 책을 통해서 영국 영어와 미국 영어가 어떤 부분이 동일한지, 발음, 어휘 표현, 문법, 철자의 표기 그리고 영국 및 미국 문화가 어떻게 다른지를 이해하고 상황에 맞게 실생활에서 적용하는 연습을 하면서 세밀한 차이들을 파악하게 될 것입니다.

영국 영어에서 시작된 미국 영어의 기원

미국이 영국으로부터 독립한 해는 1776년으로 약 250여 년의 역사를 가지고 있는 국가입니다. 중세 영국 Great Britain 제국 중에서 북아메리카 지역 동부 해안 13개 주가 영국 황실의 조세정책에 반발하여 식민지 독립을 위해 일으킨 독립 전쟁을 통해 1776년 7월 4일 성공적으로 반기를 들 때까지 미국은 영국의 속국이나 다름 없었습니다. 그러다 보니 미국 역사 초기 미국 영어와 영국 영어는 큰 차이가 없었습니다. 당시 영국 영어에서는 단어 내의 모든 알파벳을 혀끝을 살짝 뒤로 말아 넘기고 혀에 힘을 주면서 본래의 소리로 발음하는 것이 표준이었습니다. 하지만 영국 영어는 18세기 후반 영국 상류 계급에서 시작된 영국 영어 특유의 발음 형태가 표준화되면서 단어 중간이나 뒤에 있는 알파벳 r 음을 발음하지 않는 변화가 일어납니다. 이와 반대로 미국 영어는 그러한 변화 없이 기존 영국 영어의 패턴을 그대로 유지하며 발달하게 되었죠. 그 이후 영국 영어와 미국 영어는 각 나라 고유의 역사와 문화를 통해서 독자적인 언어로 발전하게 됩니다.

이러한 차이들은 이후 영국 영어와 미국 영어의 발음 뿐만 아니라 어휘의 사용 방식, 영어 철자 표기법, 문장을 만드는 방식과 영어 표현의 차이 등 두 언어에서 다양한 변화들을 초래하게 됩니다.

미디어에서의 영국 영어

I. 옛날 영어(사극톤)

그대를 미워한 게 아니었소. 그리웠던 것뿐이오.
그대를 원망한 게 아니었소. 사무치게 사랑했을 뿐이라오.

　　　　　　　　— 구가의 서

우리말에서는 위와 같이 어미 표현에 특징적인 변화를 주어 이것이 어느 시대에 사용한 말인지를 유추할 수 있습니다. 우리나라 역시 삼국시대, 고려시대, 조선시대, 그리고 현대 한국어로 넘어오면서 다양한 언어 구사의 변화를 겪어왔습니다. 억양도 억양이지만 특히 '-하오', '-입나이다' 등의 어미를 뒤에 붙이면 억양이 다르지 않더라도 충분히 옛날 말투를 구사한다는 것을 유추해낼 수 있습니다. 최근 우리나라 사극을 보면 심지어 억양은 바꾸지도 않고 어미만 바꾸어서 대충대충 말하는 경우들도 있죠. 그만큼 어미의 특징은 시대적 배경을 알려줍니다.

그에 반해 미국은 영국의 속국에서 시작하여 1776년에 와서야 독립 선언을 하게 되었고 1781년이 되어서야 영국과의 전쟁에서 승리할 것을 확신하게 되었습니다. 따라서 흔히 미드라고 칭하는 미국 드라마에서 옛날 분위기를 내기 위해서 다른 어떠한 방식을 취할 수도 없고 그저 영국 영어 억양을 모방할 수 밖에 없습니다. 왜냐하면 애초에 미국은 '옛날'이라는 것이 없으니까요!

2. 악역톤

역사적으로 보면 영국의 식민지였던 미국인들에게 영국인들은 신사의 탈을 쓴 악덕 지주의 모습이었겠죠. 이러한 미국인들이 바라보는 영국인에 대한 부정적인 이미지는 여러 가지 방식으로 미국 문화에 반영되어 있습니다.

mp3.02

Power resides only where
men believe it resides. It's a
trick, a shadow on the wall.
A very small man can cast a very
large shadow.

한 예로 미국의 디즈니 사가 1937년 세계 최초의 장편 애니메이션인 백설공주를 제작하여 개봉하였을 때 나온 악역 여왕 캐릭터에서부터 라이언킹의 악역 캐릭터 스카까지 대부분의 악역들은 영국식 악센트를 쓰는 공통점이 있습니다. 즉, 악역의 모습이라는 시각적 효과와 악역의 발음이라는 청각저 효과를 통해서 어린이들에게 직관적으로 선악 구도를 보여주고 싶었던 것이죠. 오늘날에는 이러한 편견이 많이 사라지게 되었지만 아직까지도 일부 콘텐츠에서는 이러한 영국식 발음을 기반으로 해서 선악 구도를 만드는 스토리를 활용하고 있습니다.

3. 고급스럽고 세련된 느낌

영국 영화 '킹스맨'을 본 사람들은 영국식 발음의 고급스러운 매력에 푹 빠지게 됩니다.

Manner maketh men.
— 킹스맨(Kingsman) 中

다음과 같은 문장이 갖는 힘은 단순히 영어라는 점에서 뿐만이 아니라 다소 고어적인, 그리고 고급스러운 분위기를 풍김으로써 킹스맨에서 표방하고자 하는 영국식 신사의 분위기를 사람들에게 전해주게 되죠. 오늘날은 미국의 하이테크에 대한 동경과 새로운 트렌드를 만드는 미국 대중 문화의 파급효과에 힘입어 성공의 상징이 '부자 미국인의 삶'으로 이동했지만, 여전히 사람들의 마음속에는 오랫동안 세계를 지배해온 '해가 지지 않는' 국가인 영국에 대한 고급스러운 인식이 있습니다. 바로 이 부분이 영국 영어에서 느껴지는 고급스러운 톤의 핵심입니다.

우리나라에서는 상류층 사람들이 언어에 섞어 쓰는 '전문 용어'나 '품위 있는 말투'를 통해서 한 사람의 사회적 위상을 엿볼 수 있습니다. 하지만 영국식 영어는 상대적으로 좀 더 복합적인 요소들로 한 사람의 사회적 지위를 가늠해볼 수 있습니다. 전문 용어 사용이나 어휘 사용을 통해서도 그렇겠지만 나아가 '억양'과 '발음'이라는 발화적인 측면에서도 그 사람이 구사하는 언어의 수준을 파악할 수 있습니다.

영국에서는 이를 용인 발음(Received Pronunciation: RP)이라고 지칭하여 그 고유의 고급스러운 분위기를 유지하려 합니다. 영국의 일반 서민들도 잘 사용하지 않는 이와 같은 용인 발음(RP)을 구사하는 것은 쉬운 일이 아닙니다. 자칫 영국에서 어설프게 따라 했다가는 영국 현지인들에게 놀림을 받는 경우도 부지기수죠.

"런던에 유학 가서 RP가 너무 멋있어서 따라 해보려고 했는데 처음에는 친구들이 재미있어 하더라고요. 그러면서 자신감이 붙어서 팀 과제에서 RP를 계속해서 연습해서 사용했는데 언젠가부터 분위기가 이상하다고 느꼈어요. 어느 순간부터 나를 보면서 자기네들끼리 수군거리더니 급기야는 조장이 저를 불러서 물어보더라고요. 뒤에서 사람들이 너를 욕하고 있는 것 같다, RP로 말할 거면 제대로 하고 그게 안 되면 더는 RP를 사용하지 않는 것이 좋겠다고. 다음날부터 그 스터디에 나가지 않고 일반 영국인들이 사용하는 발음으로 연습해서 말하면서 다시 그 사람들하고도 친해질 수 있었지만, 저에게는 영국 유학 생활에서의 기억으로 남아 있어요."

— 24세, 영국 유학 경험자, 김** 씨

여러분도 고급스러운 영국식 용인 발음(RP)을 동경할 수는 있지만 그 발음을 처음부터 무턱대고 사용하는 것을 추천하지는 않습니다. 영국식 용인 발음(RP)에는 영국이라는 왕국의 계급적인 요소와 사회적 권위 같은 많은 요소들이 반영되어 있기 때문에 상황에 맞게 적절하게 활용하는 것도 중요합니다.

위의 사례들을 보면 영국 영어라는 것은 단순히 구사하는 방식의 차이뿐만 아니라 영국 고유의 문화적인 특징을 다분히 가지고 있다는 것을 알 수 있습니다. 영국 영어를 이해한다는 것은 현재 세계의 헤게모니를 장악하고 있는 미국 이전에 패권을 차지했던 영국 문화에 대해서 알아보는 과정이기도 합니다. 또한 그에 따른 언어가 갖는 힘을 가늠해 볼 수 있습니다.

영국 영어와 미국 영어의 지속적인 변화

영국 영어와 미국 영어는 지금 이 시간에도 서로에게 많은 영향을 주며 계속 진화하고 있습니다. 정치, 경제, 사회, 문화적으로 급격한 변화가 생길 때마다 그러한 임팩트에 따른 언어의 변화 또한 필연적인 것입니다. 1940년대까지 2차 세계대전을 치르며 영국과 미국은 군사 교류뿐 아니라 사회, 문화적으로도 왕성한 교류가 있었고 이 시기에 미국은 전 세계를 지휘하는 군사 강국으로서의 권위뿐 아니라 경제력과 많은 인구를 기반으로 하여 문화 산업을 이끌어가는 리더의 역할도 하게 되었습니다. 이는 미국에서의 성공은 곧 전 세계적인 스타로 도약할 수 있는 지름길로 인식되면서 미국 시장 공략을 위한 다양한 시도가 진행되었습니다.

1960년대에는 영국의 록 밴드 비틀스(The Beatles)가 미국 대중음악 시장에 영국의 침략(British Invasion)이라고 불릴 정도로 미국에서 엄청난 반향을 일으키게 됩니다. 하지만 아이러니하게도 데뷔 초기에 비틀스 곡들은 미국 영어 발음을 기반으로 했고, 이런 익숙한 소리에 더욱 매료된 미국인들에게 큰 인기를 얻게 됩니다. 1963년에 비틀스 최초로 빌보드 차트에서 1위를 기록한「I want to hold your hand」를 들어보면 want to 부분을 영국 영어에서 통상적으로 발음되는 형태인 원터 'wantto' 같은 발음이 아닌 미국 영어에서 일어나는 연음 형태인 워너 'wanna' 처럼 발음하였고, hold your 부분도 영국 영어로 부르면 영국 특유의 모든 자음을 강하게 발음하여 '홀듀어' 같이 불러야 하지만 미국 영어와 유사하게 hold your의 중간에 있는 'd' 부분을 약화시켜서 '홀유어'처럼 발음했죠. 노래 가사 중 하나인 I can't hide 부분의 can't는 영국 영어에서는 '카안트' ['kɑːnt]와 비슷한 소리이지만 실제 노래에서는 미국 영어식으로 '캐안트' ['kænt]로 발음했습니다.

사회 언어학자 피터 트루질(Peter Trudgill)의 1983년 비틀스 노래 가사의 발음에 대한 연구를 보면 1963년 발매한 「Please Please Me」 앨범의 경우, 단어의 마지막에 r이 오는 가사의 47%를 r 음을 발음하지 않고 무시하는 영국 영어 대신 미국 영어 스타일로 r 음을 발음한 것으로 나타났습니다. 이렇듯 비틀스의 미국 영어화된 노래들은 유럽 전역 내 대중 문화에 많은 영향을 미치게 되었으며 비틀스에 이어 미국 시장을 진출한 많은 그룹들도 유행처럼 미국 영어화된 가사와 발음으로 음반을 내는 큰 변화를 가져오게 됩니다.

한 예로 스웨덴 팝 그룹 아바(Abba)는 1976년에 「Dancing Queen」이란 노래로 미국에 진출할 때도 Dancing의 발음을 영국 영어의 '다안씽' ['dɑːnsɪŋ]이 아닌 미국 영어의 '대안씽' ['dænsɪŋ]과 같이 미국인들에게 익숙한 미국 영어 발음으로 불렀습니다. 따라서 동시대에 미국에서 크게 성공한 대다수의 유럽 출신 뮤지션 노래들은 대부분 미국식 발음을 사용하는 것이 새로운 트렌드가 되었으며, 이러한 변화는 일반 영국인들이 쓰는 영어에도 미국 영어 특유의 연음 현상들로 노래 가사를 따라 부르며 자연스럽게 적용되기 시작하면서 영국 영어 발음 패턴 자체에도 상당한 영향을 미치게 됩니다.

한 예로 미국 영어에서 issue ['ɪʃuː], educate ['edʒukeɪt], statue ['stætʃuː] 같은 단어들에 강세가 없는 'su', 'du', 'tu' 같은 부분에서 미국 영어 특유의 자음이 약화되는 현상(구개음화)이 일어나게 되어 su = 슈 [ʃuː], du = 쥬 [dʒuː], tu = 츄 [tʃuː]처럼 발음됩니다. 그래서 issue는 이**슈** ['ɪʃuː], educate은 에**쥬**케잍 ['edʒukeɪt], statue는 스태**츄** ['stætʃuː]로 발음합니다.

하지만 영국 영어에서는 알파벳 'u' 를 보면 유 [juː]처럼 발음하는 습성이 있어서 마치 su = 씨유 [sjuː], du = 디유 [djuː], tu = 티유 [tjuː]처럼 말하죠. 그러다 보니 issue는 이**씨유** ['ɪsjuː], educate은 에**디유**케잍 ['edjukeɪt], statue는 스태**티유** ['stætjuː]처럼 말해야 합니다. 그렇지만 다양한 대중 음악을 통하여 영국인들도 자연스럽게 미국 영어 발음에 영향을 받게 되고 오늘날에는 많은 영국인들이 이러한 단어들을 미국식으로 issue [ˈɪʃuː], educate [ˈedʒukeɪt], statue [ˈstætʃuː]와 같이 발음하게 되었습니다.

이와는 반대로 미국 대중 음악계의 거장들인 이글스(Eagles), 카펜터스(Carpenters), 마이클 잭슨(Michael Jackson) 등 많은 미국 출신 뮤지션의 노래에서는 가사 라임(rhyme)의 자연스러움, 영국 영어와 미국 흑인 영어 발음의 특성이 어우러져 영국 영어처럼 단어 내에 들어있는 r을 생략하는 현상들이 두드러지게 나타났습니다. 이러한 현상은 노래에서뿐 아니라 미국인들의 일상 영어에서도 적용되어서 here [ˈhɪr]를 히어 [ˈhɪə], there [ˈðer]를 데어 [ˈðeə], later [ˈleɪtər]를 레이터 [ˈleɪtə]처럼 영국 영어식으로 발음하는 것이 흔한 일이 되었습니다.

이제 either [영ˈaɪðə; 미ˈiːðər], neither [영ˈnaɪðə; 미ˈniːðər], data [영ˈdeɪtə; 미ˈdætə] 같은 단어는 더 이상 영국인이 미국식 발음으로, 미국인이 영국식 발음으로 말하더라도 전혀 어색함이 없을 정도로 두 나라에서 모두 통용되는 발음이 되었고, 예전에는 영국 영어에서는 허브 [hɜːb], 미국 영어에서는 얼브 [ɜːrb]처럼 차이를 두고 발음하던 단어들이 이제는 미국인도 헐브 [hɜːrb]처럼 영국 영어와 유사하게 [h]를 발음하는 사람이 많습니다.

　이처럼 영국 영어와 미국 영어는 다양한 교류를 통해서 지속적으로 변화를 거듭하고 있어, 각 언어 고유의 특징은 점점 줄어들고 있습니다.

영국 영어 vs. 미국 영어: 발음의 차이

2

2. 영국 영어 vs. 미국 영어: 발음의 차이

영국은 대한민국과 북한의 영토를 합한 한반도와 비슷한 크기의 작은 나라이지만 놀랍게도 약 40여종의 다양한 방언들이 존재합니다. 역사적으로도 영국은 봉건 제도를 기반으로 영주가 다스리는 영토별로 언어가 각기 발달하여 오늘날에는 지역별로 특색 있는 방언들이 생기게 되었죠.

대표적으로는 자음과 모음의 변화가 심하여 빨리 말하면 알아듣기 매우 어려운 스코틀랜드(Scotland) 지방의 방언이나, 영어의 'r'을 우리말 'ㄹ'과 비슷하게 말하는 웨일즈(Wales) 방언, 영국의 수도 런던(London) 사람들의 발음을 기준으로 한 코크니(Cockney)나 런던 주변 수도권 지역 사람들이 많이 사용하는 코크니와 유사한 에스츄어리(Estuary)라고 불리는 방언 등이 있습니다.

한국어는 서울말을 기반으로 하는 표준어가 있는 반면에 영국의 경우는 지역별로 다양한 방언들이 존재하

고 그러한 다양성을 인정해 주는 분위기이다 보니 아직
까지도 공식기관에서 정한 표준어가 존재하지 않습니다.
하지만 일반적으로는 용인 발음(RP: Received Pronun-

영국식 영어의 다양한 방언 확인하기
https://youtu.be/riwKuKSbFDs

ciation)이라고 하여 잉글랜드 남부 지방의 교양 있는 사람들이 사용하는 발음을 기준으로 삼는 편입니다. 한때는 용인 발음(RP) 대신에 영국 공영 방송국인 BBC 방송 출연자들의 또렷한 악센트를 빗대어 BBC English라는 표현을 영국식 영어 발음의 기준처럼 부르기도 했지만, 최근에는 BBC에서도 다양성을 존중하여 방송 진행자마다 출신에 따른 다양한 방언으로 방송을 진행하다 보니 BBC English는 더 이상 영국식 영어 발음의 표준으로 인정받지 않게 되었습니다. 오늘날 영국식 영어의 용인 발음(RP)은 여왕의 영어(Queen's English), 상류층 영어(posh accent), 또는 영국 최고 명문 대학교인 옥스퍼드(Oxford) 대학교와 캠브리지(Cambridge) 대학 출신의 교양 있는 사람들이 사용한다고 하여 옥스브리지 영어(Oxbridge English)라는 표현으로도 불립니다.

이 책에서는 주로 영국식 영어 발음의 기준으로 불리는 용인 발음(RP)을 중심으로 다뤄보겠습니다.

코크니(Cockney) —
런던 서민들의 친숙한 영어 발음

용인 발음(RP)이 고풍스러운 귀족적인 이미지를 보여준다면 런던의 서민들이 주로 쓰는 코크니(Cockney)는 다분히 서민적인 악센트로 받아들여집니다. 대다수의 런던 시민들이 코크니 악센트로 말하고 있으며 우리말도 서울말이 표준어이듯 코크니로 말하는 사람들은 영국의 수도인 런던 사람들이 구사하는 언어이니만큼 보통 자신들의 악센트에 큰 자부심을 가지고 있습니다. 그러다 보니 외국인이 영어로 말할 때 어설프게 기품이 나는 용인 발음(RP)으로 말하면 코크니 구사자 입장에서는 어쭙잖게 영국 상류사회의 언어를 모방해서 말하는 것처럼 보여서 비아냥을 듣거나 다소 공격적인 반응을 경험할 수도 있습니다.

코크니 발음의 특징으로는 먼저 water의 중간에 있는 t를 발음하지 않고 그 부분에서 호흡을 한번 짧게 끊어서 마치 '우오어'처럼 Glottal Stop 방식으로 발음하는 방법이 있습니다.

그리고 단어에 있는 'h' 철자를 잘 발음하지 않아서 'hi' 를 'eye'처럼 발음하기도 하죠. 그러다 보니 How long has he been here? 가 마치 'Owlong azibin eere?'처럼 들릴 수도 있습니다.

코크니는 th 발음을 'f'로 발음해서 Thank you가

'Fank you'로 들리고, 뒤로 오는 with가 'wif'처럼 발음되기도 합니다. [aɪ, aʊ, ɔɪ] 같은 이중 모음을 매우 성의 없이 짧게 대충 발음해서 마치 Hi. How are you boys? 가 '아에, 아와여보어즈?' 처럼 들리게 발음하기도 합니다.

런던을 가게 되면 코크니를 쓰는 사람들 중에서도 용인 발음(RP)과 거의 유사한 사람부터 극단적인 코크니 악센트를 쓰는 사람까지 다양한 케이스를 경험할 수 있습니다.

미국식 영어 발음의 특징

영국보다 약 40배가 큰 미국 역시 다양한 방언들이 존재합니다. 하지만 역사적으로 영국 영어가 봉건제도를 기반으로 각 지역의 특색에 맞추어 아주 다양한 방언들로 발전했다면, 미국의 경우는 미국 서부와 중부 지역에 사는 전체 인구의 약 70%는 일반 미국 영어 발음(GAE: General American English)을 구사합니다.

하지만 미국 또한 동부와 남부 지역에는 다양한 방언들이 존재합니다. 대표적인 미국 동부 방언으로는 먼저 영국계 이민자가 많은 New England 지역 사람들의 영국식 영어 발음과 유사한 방언입니다. 이 지역 사람들은 영국인들이 car의 마지막에 있는 'r'을 생략하는 것과 마찬

가지로 '카아' [kɑː]처럼 발음하기도 하고 보통 미국 영어
에서 '베이스' [veɪs], '앤트' [ænt]처럼 불리는 vase와 aunt
같은 단어들을 영국식 발음과 유사하게 '바아즈' [vɑːz]그
리고 '아안트' [ɑːnt]처럼 말하기도 하죠.

　두 번째 미국 동부 방언으로는 뉴요커가 많이 쓰는
뉴욕식 방언이 있습니다. 뉴욕식 방언의 특징은 말이
매우 빨라서 연음이 많이 생겨 알아 듣기 어렵고 억양
이 단조롭다 보니 말투가 다소 퉁명스럽게 들리기도 합
니다. Houston 을 '휴스턴' ['hjuːstən]으로 발음하지 않고
그들 스타일로 '하우스턴' ['haʊstən]처럼 말하는 것도 대
표적인 뉴욕식 방언입니다. 미국 남부 지역 또한 다양한
방언들이 존재합니다. 대표적으로 '아이'가 '아'처럼 발음
되고 '에이'가 '애'처럼 발음되어서 My name is Jane. 같
은 문장은 마치 '마네미젠'처럼 들리기도 하죠.

　또한 'all'도 마치 '아오'처럼 발음되어 Hi you all! 같은
표현은 '하이야오'처럼 발음하기도 합니다.

　　　　(미국 남부 출신 아저씨) '아게벼마화담'
　　　　　　　무슨 말일까요?
　I gave you my five dimes. 나, 너한테 50센트 줬는데!

여기서는 주로 미국식 영어 발음의 기준으로 불리는 일반 미국 영어 발음(GAE)을 중심으로 다뤄보겠습니다.

미국 흑인 영어 악센트 —
African American Vernacular English

미국에 거주하는 흑인들의 경우에는 역사적으로 남부 지역에서 강제 노동을 하다가 노예 해방 후 다른 지역으로 이주하였기 때문에 아직까지도 미국 남부식 영어 발음과 비슷한 그들만의 악센트로 말하기도 합니다. Ebonics로도 불리는 이러한 미국 흑인 영어 악센트는 모든 흑인들이 사용하지는 않지만 미국 내 대다수의 흑인들이 사용하고 있습니다. 미국 흑인 영어 악센트는 영어 발음뿐만 아니라 be 동사를 생략한다든지 단어 마지막에 있는 s, 그리고 a, the 같은 단어들을 생략하는 등 문법과 단어의 사용에서도 차이가 있습니다.

한 예로 He is not my friend.를 미국 흑인 영어 악센트에서는 '히낫마매안' 처럼 말하기도 합니다.

be 동사 is를 생략하고 my 가 '마이' 가 아닌 '마'처럼 짧게 발음되고 friend에 fr 부분의 발음이 어렵다 보니 친구라는 단어를 man으로 바꾸어서 표현한 것이죠. 이렇듯 미국 흑인 영어 속에서 이러한 변칙들을 모른다면 원어민들에게도 알아듣기 어려운 독립적인 악센트가 존재합니다. 미국에서 외국인이 미국 흑인 영어 악센트를 모방하여 실제 흑인 미국인들과 대화하는 것은 일부에서는 불쾌하게 느껴질 수도 있기 때문에 주의하셔야 합니다.

영국식 용인 발음(RP)과
미국식 영어 발음(GAE)의 공통점
— 영어 자체의 리듬감(Rhythmic Patterns)

영어는 강세 박자 언어(Stress-timed language)입니다. 즉, 단어 안에 강약이 존재하여 강세가 있는 부분은 강세가 없는 부분보다 상대적으로 소리가 크고 길며 또한 정확한 발음으로 말해야 합니다. 반면에 강세가 없는 부분은 강세가 있는 부분보다 소리가 작고 짧으며 발음 또한 무성의하게 약화시켜서 말합니다. 영어와 반대로 한국어는 음절 박자 언어(Syllable-timed language)로 강약이 중요하지 않아서 특별하게 더 크거나 길게 발음하는 부분이 없고 모든 소리를 일정하게 비슷한 크기와 길이로 말하는 언어입니다.

그렇기 때문에 model, tomato, engineer 같은 단어들

은 우리말로는 모델, 토마토, 엔지니어처럼 비슷한 크기
와 길이로 말하지만 영어는 **model, tomato, engineer**처
럼 단어 안에서 특정 부분을 크고 길고 정확하게 발음
하는 것을 느낄 수 있습니다.

문장을 말할 때도 문장의 핵심이 되는 주어, 동사, 목
적어, 보어를 구성하는 명사, 동사, 형용사, 부사 같은 내
용어들은 강세를 주어서 크고 길며 정확하게 말하지만,
대명사, 조동사, 관사, 전치사, 접속사 같은 내용 자체보다
는 문법적인 연결고리 역할을 하는 기능어들은 강세가
없어서 작고 짧아지면서 앞 단어에 붙여 대충 흘리듯 말
하다 보니 소리가 모호해지므로, 이렇듯 약화되는 패턴
을 모른다면 정확하게 영어를 알아듣지 못합니다.

만약에 I know that he is nice because he has been
trying to understand what I want to say to him. 같은 문
장을 말할 때 '아이노우 댓 히이즈 나이스 비코즈 히 트
라이투 언더스탠드 왓 아이 원트투 세이투힘' 같은 소리
를 예상했다면, 문장 속에서 기능어가 약화되어 that he
is [더티스], because he has been [커지어즈빈], trying to
[츄라이너], what I want to say to him [워라워너세이더
임]와 같이 발음되는 부분을 알아 듣지 못하여 전체 문

장을 이해하기 어렵게 됩니다. 즉, 영어 청취가 어려운 이유 중 하나가 바로 이러한 영어의 강약과 장단의 차이에서 나오는 리듬감에 익숙하지 않아서 그런 것이죠.

그렇기 때문에 영어를 정확히 알아 듣고 올바르게 말하기 위해서는 이러한 강약의 차이를 이해하고, 힘을 줄 부분은 확실히 주고 뺄 부분은 확실하게 빼면서 말하는 습관을 키워야 합니다.

본론으로 돌아와서 영국 영어와 미국 영어 모두 근본적으로 강세 박자 언어이기 때문에 단어와 문장 안 특정 부분에서 강약을 확실하게 조절하므로 아주 비슷한 리듬감을 느낄 수 있습니다.

결론적으로 영국 영어와 미국 영어에서의 강약과 장단의 차이에서 오는 리듬감에는 큰 차이가 없으며 강세의 차이가 있는 일부 단어들은 강세의 차이점을 다루는 섹션에서 자세하게 정리해 놓았습니다.

영국 영어와 미국 영어의 발음 기호

영어의 철자, 알파벳은 총 26자로 모음이 5자이고 자음이 21자입니다. 당연히 영국 영어와 미국 영어 모두 같은 알파벳을 가지고 단어를 만들며 99% 이상의 영단어들은 동일한 철자로 표기합니다.(1%의 철자가 다른 예외적인 단어들은 철자의 차이점 편을 참고하세요.)

영어의 26개 알파벳의 구성

모음 5자

A, E, I, O, U

자음 21자

B, C, D, F, G, H, J, K, L, M, N,

P, Q, R, S, T, V, W, X, Y, Z

하지만 단어를 표기하는 알파벳보다 단어를 말하는 소리, 즉 발음 기호는 미국 영어는 41개, 영국 영어는 44개로 훨씬 더 많은 소리값이 있습니다.

　영국 영어와 미국 영어에서 약 90% 정도가 같은 발음 기호를 사용하고 있으며 10% 정도가 다른 발음 기호를 사용합니다.

　영어 자음의 경우는 영국 영어와 미국 영어 모두 24개의 동일한 발음 기호가 있으며 실제로 각 자음 발음 기호들을 비슷하게 발음하고 있습니다. 자음은 많은 수의 영어 철자와 발음 기호의 모양이 동일한 편이며 아래

의 철자들의 경우에만 알파벳 철자와 발음 기호의 모양
에 차이가 있습니다.

sh [ʃ], ge [ʒ], th [θ], th [ð], ch [tʃ], j [dʒ], ng [ŋ], y [j]

그렇기 때문에 아래의 단어들은 영국 영어와 미국 영어
의 발음 기호가 동일하며 각 단어의 발음만 듣고는 영
국식인지 미국식인지 확인하기가 매우 어렵습니다.

pea ['piː]	bee ['biː]	tea ['tiː]	**mp3.03**
fee ['fiː]	veal ['viːl]	see ['siː]	
sheep ['ʃiːp]	beige ['beɪʒ]	heat ['hiːt]	
need ['niːd]	sing ['sɪŋ]	weep ['wiːp]	
dean ['diːn]	key ['kiː]	geek ['giːk]	
zeal ['ziːl]	theme ['θiːm]	they ['ðeɪ]	
cheese ['tʃiːz]	jet ['dʒet]	meet ['miːt]	
young ['jʌŋ]	lead ['liːd]	read ['riːd]	

모든 영어의 자음 발음 기호들이 영국 영어와 미국 영어
에서 동일하게 소리를 내지만 아주 미묘한 차이로 영국

영어에서 [p, b, t, d, k, g] 같은 자음들을 미국 영어보다 좀 더 강하게 발음하는 경향이 있습니다.

또한 [t]와 [d] 발음의 경우에는 영국 영어와 미국 영어에서 둘 다 동일하게 발음할 수도 있지만 미국 영어에서는 [t]와 [d]가 약화되어 pretty [ˈprɪti], buddy [ˈbʌdi] 같은 단어들을 '프뤼리', '버리'와 같이 단어 속 [t], [d] 부분을 우리말 'ㄹ'처럼 약화시켜 발음하기도 하고, twenty [ˈtwenti]에서 나오는 마지막 [t] 소리를 생략하여 마치 '투워니' 처럼 말할 수도 있습니다.

영어 모음의 경우는 영국 영어와 미국 영어의 80% 정도 발음 기호가 동일하며 20% 정도 차이가 있습니다.

영국 영어와 미국 영어의 발음 기호가 동일한 모음들(14개)

[iː, ɪ, eɪ, e, æ, uː, ʊ, ɔː, ɑː, ə, ʌ, aɪ, aʊ, ɔɪ]

영국 영어에만 있는 발음 기호들(6개)

[ɜː, ɒ, əʊ, ɪə, eə, ʊə]

미국 영어에만 있는 발음 기호들(3개)

[ər, ɜːr, oʊ]

영국 영어는 20개 그리고 미국 영어에는 17개의 모음 발음 기호가 있습니다. 이 중 14개는 발음 기호가 동일하며 실제로 영국과 미국에서 모두 매우 비슷하게 발음하고 있습니다. 모음의 경우는 다양한 영어 철자들과 소리의 규칙을 이해하는 파닉스(phonics) 학습을 통해서 단어만 봐도 어떻게 발음해야 할지 유추할 수 있으며 이러한 철자의 규칙은 다음과 같습니다.

	1	2	3	4	5	6	7	8
[iː]	e	ea	ee	e_e	-ie-	-ei-	-ique [iːk]	-ique [iːg]
	evil	eat	teen	gene	piece	receive	unique	fatigue
[ɪ]	i	-y-	-ui-	-e	e-	-age [ɪdʒ]		
	it	gym	build	begin	exam	image		
[eɪ]	a_e	ai	-ay	-e, -et	eigh	-ey		
	same	aid	say	café, bidet	eight	they		
[e]	e	-ea-						
	exit	head						
[æ]	a							
	act							
[uː]	-oo	u, u_e	ew	ue	eu	ou	-ui-	-o
	room	flu, rule	few	blue	neutral	soup	suit	who
[ʊ]	-oo-	u	ull [ʊl]	wo- [wʊ]	-ould [ʊd]			
	book	push	full	woman	could			
[ɔː]	au	aw	al [ɔːl]	ought [ɔːt]	-aught [ɔːt]	-o(US)		
	auto	awesome	all	bought	caught	dog		
[ɑː]	-ar	a	wa(US)	o(US)				
	car	spa	watch	odd				
[ə]	a	e	-i-	o	u	-ion [ən]		
	about	movement	recipe	occur	unhappy	nation		
[ʌ]	u	o	o_e	-ou-				
	but	onion	none	enough				
[aɪ]	i_e	i	-y	-igh	-ie			
	ice	hi	by	high	lie			
[aʊ]	ou	ow						
	out	down						
[ɔɪ]	oi	oy						
	oil	toy						

아래 여섯 가지 발음 기호들은 영국 영어에만 있는 발음 기호들입니다.

[ɜː, ɒ, əʊ, ɪə, eə, ʊə]

영국 영어 발음의 가장 큰 특징인 모음 뒤에 나오는 'r'을 발음하지 않는 현상은 알파벳 'r'이 어느 위치에 있더라도 반드시 [r] 발음을 해줘야 하는 미국 영어와 확연한 소리의 차이를 만듭니다. 그렇기 때문에 아래의 단어들을 영국 영어에서는 모음 뒤에 따라 나오는 'r' 소리를 발음하지 않고 앞의 모음을 길게 늘여서 [ɜː], [ɪə], [eə], [ʊə]로 발음하지만, 미국 영어에서는 모음 뒤에 따라 나오는 'r' 소리를 발음하여 [ɜːr], [ɪr], [er], [ʊr]로 발음합니다.

mp3.04

bird 영 ['bɜːd] / 미 ['bɜːrd]

beer 영 ['bɪə] / 미 ['bɪr]

bear 영 ['beə] / 미 ['ber]

poor 영 ['pʊə] / 미 ['pʊr]

두 번째로는 알파벳 'o' 가 들어가 있는 많은 단어들을 영국에서는 'o'가 있는 부분을 영국 영어에만 있는 우리말 '으오우'를 빠르게 말하는 것과 비슷한 소리인 [əʊ]로 발음하지만, 미국에서는 동일한 영어 단어를 미국 영어에만 존재하는 우리말 '어오우'를 빠르게 말하는 것과 비슷한 소리인 [oʊ]로 발음합니다.

마지막으로 영국 영어의 [ɒ]는 미국 영어에 있는 [ɑː]를 대체하는 역할을 하는 발음으로 알파벳 'o'가 강세가 있을 때 주로 발음되며, watch [wɑːtʃ]처럼 'wa'가 들어 있는 단어들의 경우도 [wɒ]처럼 발음하는 규칙이 있습니다. 아래 나오는 예로 발음의 차이를 확인해 보세요.

영국 영어에만 있는 발음 기호들		1	2	3	4	5	6
	[ɜː]	er	ur	ir	ear		
		herb	urban	bird	earth		
	[ɪə]	ear	eer	ere			
		tear	beer	here			
	[eə]	ear	ere	are	air		
		bear	there	care	hair		
	[ʊə]	oor	ure	our			
		poor	sure	tour			
	[əʊ]	o	o_e	ow	oa	-ough	oe
		go	alone	show	boat	dough	toe
	[ɒ]	o	wa				
		hot	watch				
미국 영어에만 있는 발음 기호들		1	2	3	4	5	6
	[ər]	-er	-ur	-or	-ar		
		teacher	future	doctor	dollar		
	[ɜˑr]	er	ur	ir	ear		
		herb	urban	bird	earth		
	[oʊ]	o	o_e	ow	oa	-ough	oe
		go	alone	show	boat	dough	toe

mp3.05

hot	영 [ˈhɒt] / 미 [ˈhɑːt]
dog	영 [ˈdɒg]/] / 미 [ˈdɔːg]
watch	영 [ˈwɒtʃ] / 미 [ˈwɑːtʃ]
swap	영 [ˈswɒp] / 미 [ˈswɑːp]

발음의 차이점

주변에 영어를 잘하는 친구들이나 영어 원어민에게 영국 영어 발음과 미국 영어 발음의 차이를 물어보면 보통 아래 내용처럼 이야기를 할 거에요.

1. 영국식 발음은 r 발음을 하지 않는다.
2. 미국식 발음이 혀를 더 굴린다.
3. 영국식 발음이 스펠링대로 더 또박또박 발음한다.
4. 미국식 발음에서 연음이 더 많이 일어난다.
5. 영국식 발음이 모음이 더 짧다.
6. 영국 영어에서는 'a'를 '아'로 발음하고 미국 영어에서는 'a'를 '애'로 발음한다. can't (칸트(영국) vs. 캔트(미국))

이러한 차이가 왜 생기는 것일까요? 가장 근본적인 원인은 사실 미국식 발음은 영국식 발음보다 모음을 강하게 말하는 반면에 영국식 발음은 미국식 발음보다 자음을 강하게 말하기 때문입니다. 미국식 영어 발음은 모음을 강하게 말하다 보니 앞뒤 자음이 다소 약하게 들리고 모음이 시원시원하게 잘 들립니다. 하지만 영국식 영어 발음은 자음을 강하게 말하다 보니 각 자음은 아주 정확하게 들리지만 뒤에 따라 나오는 모음이 약화되어 다소 짧고 미국식 영어보다 부정확하게 들리게 됩니다.

다음 단어로 영국과 미국 영어 발음의 차이를 들어보세요.

단어	영국식	미국식	
water	[ˈwɔːtə]	[ˈwɑːtər]	mp3.06
bottle	[ˈbɒtl]	[ˈbɑːtl]	
body	[ˈbɒdi]	[ˈbɑːdi]	
order	[ˈɔːdə]	[ˈɔːrdər]	
winter	[ˈwɪntə]	[ˈwɪntər] / [ˈwɪnər]	
sandwich	[ˈsændwɪtʃ]	[ˈsænwɪtʃ]	
certainly	[ˈsɜːtnli]	[ˈsɜːrtnli]	
masked	[mɑːskt]	[mæskt]	

I have recei
from my t
Ms *Bett*

Oh, your t
Did Ms. *B*
send you

ved a *letter*
am *leader,*
Batter.

am *leader!*
tty *Batter*
a *letter*?

나 Betty Batter 팀장님한테 편지 받았어.

I have received a ▮▮▮▮
from my team ▮▮▮▮,
Ms ▮▮▮▮▮▮.

그래. Batter 팀장님이 편지로 나에게 파티를 준비하라고 지시하셨지.

Yes. In her ▮▮▮▮,
Ms ▮▮▮ ▮▮▮ me to
get ▮▮▮ for a ▮▮▮.

아냐, 아마도 아닐 거야. 팀장님은 아무나 파티에 와도 된다고 그랬어. 내 생각에는 팀장님이 마흔 번째 자기 생일을 축하 받고 싶은 것 같아.

No, probably not.
She wants ▮▮▮▮ to
come to the ▮▮▮. I think
she would like to celebrate
her ▮▮▮▮ birthday.

물론이지 친구. 파티에 올 때 물 30병 정도 가져올 수 있어?

Certainly, mate.
Can you bring ▮▮▮▮
▮▮▮ of ▮▮▮ when you
come to the ▮▮▮?

mp3.07

Oh, your team _____!
Did Ms. _____ send
you a _____?

아, 너희 팀장님. Betty Batter 팀장님이 너에게 편지를 보냈다고?

A _____ for what?
Did she want a _____ for
other team _____?

무슨 파티냐? 다른 팀장님들을 위해서 파티를 열려고 하시니?

Her _____ birthday!
I would never have thought
she is _____. I thought
she was around _____ when
I saw her in your _____.
Can I join her _____?

팀장님의 마흔 번째 생일! 팀장님이 40살이라고는 전혀 생각 못했는데. 니 사진에 팀장님 나온 거 보고 팀장님은 대략 30살 정도로 봤었거든. 나도 그 파티 가도 되냐?

No problem, _____. I will
bring _____ of _____
to her _____. See you then.

물론이지 친구야. 파티에 물 30병 챙겨갈게. 그때 보자고.

Water 는 '워러' 가 맞나요? '워터'가 맞나요?

영어에서 알파벳 't' [t]와 'd' [d] 소리는 혀를 치아 위쪽
의 잇몸에 붙였다가 떼면서 강하게 터트리듯 발음하는
소리입니다.

[t]의 발음법

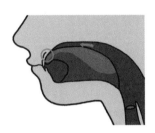

1. 윗잇몸의 볼록한 부분에
혀 앞부분이 닿을 수 있도록 혀를 꾹 누른다.

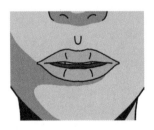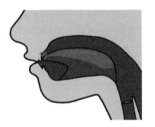

2. 그 상태에서 단번에 터트리듯 발음한다.

[d]의 발음법

 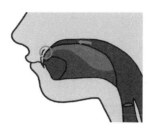

1. 윗잇몸의 볼록한 부분에 혀 앞부분이
닿을 수 있도록 혀를 꾹 누른다.

 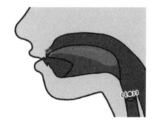

2. 그 상태에서 목을 울리면서
단번에 터트리듯 발음한다.

영국 영어에서 [t]와 [d]는 항상 발음 원리대로 정확하게
발음을 해 줘야 합니다. 하지만 미국 영어에서는 [t]와

[d]를 정확하게 발음하는 것보다는 오히려 플랩(flap)이라고 하는 약화된 형태의 발음을 선호합니다.

　　플랩은 알파벳 t 와 d가 단어 중간에 있고 t와 d의 뒤 음절에 강세가 없을 때 약화되어 [d] 또는 우리말 [ㄹ]처럼 변화되는 소리를 말합니다. 보통 meeting, ready 같은 단어들은 영국 영어와 미국 영어 모두 중간에 있는 t와 d 부분을 원래의 [t], [d]로 발음하여 '미팅', '뤠디'처럼 발음해야 합니다. 하지만 미국 영어에서는 meeting과 ready에서 강세가 없는 부분인 'ting'과 'dy' 부분의 발음을 약화시켜서 [t], [d]가 아닌 우리말 [ㄹ]처럼 약화시켜서 마치 '미링', '뤠리'처럼 발음할 수도 있습니다. 따라서 미국 영어에서 [t]와 [d]의 플랩을 알지 못하면 알파벳 t와 d가 약화된 부분을 잘못 알아듣게 되어 내용의 이해가 어려워지게 되죠. 앞의 대화에 나왔던 아래의 단어들에 있는 t와 d의 발음 차이를 비교하면서 연습해 보세요.

mp3.08

letter	leader	Betty	batter	order
ready	party	anybody	fortieth	forty
thirty	photo	bottle	water	buddy

이러한 차이 때문에 아래의 단어들은 영국 영어에서는 단어 중간에 있는 t와 d를 완전히 다르게 발음해서 각 단어가 명확하게 다르게 들립니다. 하지만 미국 영어에서는 중간에 t와 d 부분을 [ㄹ]처럼 약화시킨 플랩으로 발음하면 두 단어가 똑같이 들리게 되니 주의해야 합니다.

latter – ladder　　Adam – atom　　putting – pudding
shutter – shudder　betting – bedding　seating – seeding
metal – medal　　writer – rider　　bitter – bidder
coated – coded

mp3.09

나 Betty Batter
팀장님한테 편지 받았어.

I have received a letter
from my team leader,
Ms Betty Batter.

그래. Batter 팀장님이
편지로 나에게 파티를
준비하라고 지시하셨지.

Yes. In her letter,
Ms Batter ordered me to
get ready for a party.

아냐, 아마도 아닐 거야.
팀장님은 아무나 파티에
와도 된다고 그랬어.
내 생각에는 팀장님이
마흔 번째 자기 생일을
축하 받고 싶은 것 같아.

No, probably not.
She wants anybody to
come to the party. I think
she would like to celebrate
her fortieth birthday.

물론이지 친구. 파티에
올 때 물 30병 정도
가져올 수 있어?

Certainly, mate.
Can you bring thirty
bottles of water when you
come to the party?

Oh, your team leader!
Did Ms. Betty Batter send
you a letter?

아, 너희 팀장님. Betty
Batter 팀장님이 너에게
편지를 보냈다고?

A party for what?
Did she want a party for
other team leaders?

무슨 파티냐? 다른
팀장님들을 위해서
파티를 열려고 하시나?

Her fortieth birthday!
I would never have thought
she is forty. I thought
she was around thirty when
I saw her in your photo.
Can I join her party?

팀장님의 마흔 번째 생일!
팀장님이 40살이라고는
전혀 생각 못했는데.
니 사진에 팀장님 나온 거
보고 팀장님은 대략
30살 정도로 봤었거든.
나도 그 파티 가도 되냐?

No problem, buddy. I will
bring thirty bottles of water
to her party. See you then.

물론이지 친구야.
파티에 물 30병
챙겨갈게. 그때 보자고.

Dictation Practice

mp3.10.1
미국 성우

_____ bought _____ _____ of _____.
Peter는 물 40병을 샀어요.

The _____, _____, got the gold _____ by _____ _____
different types of _____.
Adam 작가는 80종의 다양한 버터를 발명해서 금메달
을 받았어요.

I am _____ my _____ house to give his _____ _____
some _____ for her birthday _____.
나는 친구 딸에게 생일파티 사진들을 갖다 주려고 친구
집에 가요.

_____ had _____ sell her _____ and _____ to the
_____ who is the _____ of the _____ _____.
Judy는 토마토랑 감자를 30명 방문자 리더인 무역업자
에게 팔아 넘기는 게 더 좋을 거야.

mp3.10.2
영국 성우

Peter bought forty bottles of water.
Peter는 물 40병을 샀어요.

The writer, Adam, got the gold medal by creating eighty
different types of butter.
Adam 작가는 80종의 다양한 버터를 발명해서 금메달
을 받았어요.

I am visiting my buddy's house to give his little daughter
some photos for her birthday party.
나는 친구 딸에게 생일파티 사진들을 갖다 주려고 친구
집에 가요.

Judy had better sell her tomatoes and potatoes to the
trader who is the leader of the thirty visitors.
Judy는 토마토랑 감자를 30명 방문자 리더인 무역업자
에게 팔아 넘기는 게 더 좋을 거야.

mp3.11

유럽으로 배낭여행을 떠난 K군. 영국항공기를 이용해서 영국으로 날아가는 중에 승무원 할머니가 친절하게 물어보는데...

할머니: Would like to something to drink?(음료 좀 드시겠어요?)
주인공: 워러 플리즈(물 좀 주세요.)

갑자기 승무원 할머니가 화를 내며 말합니다.

할머니: No! Do NOT say 워러, say 우오터 (아니에요! '워러' 라고 하지 말고 '우오터' 라고 해야 해요!)
주인공: 우오터 플리즈.
할머니: Good job! Here is your water.(잘하네! 물 여기 있어요.)
주인공: '워러'가 아니라 '우오터' 인가 보네.

워러는 water라는 단어를 영국식 **우오터** 또는 미국식 **우워러r**도 아닌 애매하게 읽는 콩글리쉬 발음입니다. 특히나 영국인들에게는 water를 워러라고 말하면 상대방에게는 영국에 와서 동양인이 어설프게 미국 영어를 따라 하는 것처럼 보일 수 있으니 주의하세요. 영국 영어에서는 **우오터**, 미국 영어에서는 **우워러r** 처럼 발음해야 합니다.

안녕, 이번에 애틀랜타에 샌드위치 가게 여는데 관심 있다고 들었어.

Hey, I heard you are ▬▬▬▬▬ in opening a ▬▬▬▬▬ shop in ▬▬▬▬.

영국 런던에서? 잘 됐다! 언제 가게 열려고 하는 거야?

In ▬▬▬▬, UK? Great! When do you ▬▬▬▬ open the shop?

런던 지역에 관심 있으면, 내가 최적의 장소를 찾는걸 도와 줄 수 있지. 음식점 창업에 관련된 자료들이 많거든.

If you are ▬▬▬▬▬ in the ▬▬▬▬ area, I can help you find the best spot. I have ▬▬▬▬ of information about restaurant businesses.

여기 올 거라고. 잘 됐다! 내 일정표 좀 보자. 9월 20일은 어때?

You are ▬▬▬▬ come here. Great! Let me check my ▬▬▬▬. How about ▬▬▬ September?

mp3.12

Actually I am not ▮▮▮▮▮▮ in opening a ▮▮▮▮▮▮ shop in ▮▮▮▮, but I am very ▮▮▮▮▮▮ in opening it in ▮▮▮▮.

사실 애틀랜타에 샌드위치 가게 여는 것은 관심 없고 런던에 여는 것에 관심이 아주 많아.

In fact, I ▮▮▮▮▮ open it this ▮▮▮. I already checked more than ▮▮▮ great locations in ▮▮▮▮ on the ▮▮▮▮, but haven't found the best place for my ▮▮▮▮▮ shop yet.

사실 이번 겨울에 열고 싶어. 이미 인터넷으로 런던에 20군데 이상 괜찮은 장소들을 체크 했는데 샌드위치 가게 차리기에 가장 좋은 자리는 아직 못 찾았어.

Oh, great! Thanks. I am sure you are the best ▮▮▮▮▮▮ business consultant in ▮▮▮▮▮. When are you available to meet in ▮▮▮▮? I am ▮▮▮ go talk with you there.

아, 잘 됐다. 고마워. 나는 네가 런던 최고의 글로벌 사업 컨설팅 전문가라고 믿고 있어. 런던에서 언제 만날 수 있을까? 시간 될 때 가서 이야기 나누려고 해.

September ▮▮▮ is great. I will keep this date in my ▮▮▮▮. I will see you then.

9월 20일 좋아. 내 일정표에도 체크해 놓을게. 그때 보자.

Want to는 원투가 맞나요? 워너가 맞나요?

단어 안에서 알파벳 n 다음에 t나 d가 나오고 강세가 없는 모음 앞에 있을 때, 영국 영어에서는 보통 t와 d를 정확하게 발음해야 하지만 미국 영어에서는 t와 d를 발음하지 않아도 괜찮습니다.

영국의 경우에도 Scotland나 Liverpool 등 일부 지역 영국인들 또한 아래의 단어들을 미국식으로 n 뒤에 나오는 t나 d를 생략하고 발음하여 마치 want to를 wanna로, going to를 gonna처럼 발음하기도 합니다.

앞의 대화에 나왔던 아래의 단어들에 있는 t와 d의 발음의 차이를 비교하면서 연습해 보세요.

interest	sandwich	Atlanta	London	want to
winter	twenty	internet	plenty	international
going to	calendar	twentieth		

mp3.13

The '위너r' is coming?
winter 일까요, 아니면 winner 일까요?

영국 영어에서는 winter(겨울)와 winner(승리자)가 완전히 다르게 발음되지만 미국 영어에서는 n 다음에 나오는 t 빌음을 생략하다 보니 발음만으로는 의미를 정확하게 알 수가 없죠. 대화할 때 다른 정보들을 종합해서 winter를 말한 것인지 아니면 winner로 말한 것인지 판단해야 합니다.

안녕, 이번에 애틀랜타에 샌드위치 가게 여는데 관심 있다고 들었어.

Hey, I heard you are interested in opening a sandwich shop in Atlanta.

영국 런던에서? 잘 됐다! 언제 가게 열려고 하는 거야?

In London, UK? Great! When do you want to open the shop?

런던 지역에 관심 있으면, 내가 최적의 장소를 찾는걸 도와 줄 수 있지. 음식점 창업에 관련된 자료들이 많거든.

If you are interested in the London area, I can help you find the best spot. I have plenty of information about restaurant businesses.

여기 올 거라고. 잘 됐다! 내 일정표 좀 보자. 9월 20일은 어때?

You are going to come here. Great! Let me check my calendar. How about 20th September?,

Actually I am not interested in opening a sandwich shop in Atlanta, but I am very interested in opening it in London.

사실 애틀랜타에 샌드위치 가게 여는 것은 관심 없고 런던에 여는 것에 관심이 아주 많아.

In fact, I want to open it this winter. I already checked more than twenty great locations in London on the internet, but haven't found the best place for my sandwich shop yet.

사실 이번 겨울에 열고 싶어. 이미 인터넷으로 런던에 20군데 이상 괜찮은 장소들을 체크 했는데 샌드위치 가게 차리기에 가장 좋은 자리는 아직 못 찾았어.

Oh, great! Thanks. I am sure you are the best international business consultant in London. When are you available to meet in London? I am going to go talk with you there.

아, 잘 됐다. 고마워. 나는 네가 런던 최고의 글로벌 사업 컨설팅 전문가라고 믿고 있어. 런던에서 언제 만날 수 있을까? 시간 될 때 가서 이야기 나누려고 해.

September 20th is great. I will keep this date in my calendar. I will see you then.

9월 20일 좋아. 내 일정표에도 체크해 놓을게. 그때 보자.

Dictation Practice

mp3.14.1
미국 성우

_____ minus _____ is _____ .

90에서 70을 빼면 20입니다.

_____ Clause comes to your house to give you a present
this _____ .

산타클로스는 올 겨울에 너에게 선물을 주려고 너희 집
에 온단다.

The _____ have _____ of time to _____ the
_____ from _____ .

면접관들은 애틀란타에서 온 면접자들을 인터뷰 할 시
간이 충분합니다.

I ____ to order _____ _____ for the _____
students in the student _____ .

학생 회관에 있는 유학생들에게 줄 20개의 샌드위치를
주문하고 싶어요.

mp3.14.2
영국 성우

Ninety minus seventy is twenty.
90에서 70을 빼면 20입니다.

Santa Clause comes to your house to give you a present this winter.
산타클로스는 올 겨울에 너에게 선물을 주려고 너희 집에 온단다.

The interviewers have plenty of time to interview the interviewees from Atlanta.
면접관들은 애틀란타에서 온 면접자들을 인터뷰 할 시간이 충분합니다.

I want to order twenty sandwiches for the international students in the student center.
학생 회관에 있는 유학생들에게 줄 20개의 샌드위치를 주문하고 싶어요.

안녕 폴! 나는 자네가 딸들을 여기에 모두 데리고 올 거라 생각했는데.

Hey, ____. I ____ you were coming here with ___ of your ____.

아, 몰 안에 있는 마트에 갔군. 5분 전에 딸 넷이 복도에 걸어가는 것을 본 것 같아.

Oh, they have gone to a supermarket in this ___. Maybe I ___ your four ____ ____ in the ____ 5 minutes ago.

저런, 이미 미트볼이랑 생선이랑 새우랑 소시지를 샀다고. 내가 채식주의자라는 것을 미리 알려줬어야 했는데.

Oh, they have ____ ____ ____, ___ fish, and ____. I should have told you that I have ____ been a vegetarian.

내 핸드폰으로 전화해도 돼. 그리고 내가 고기를 안 먹는다는 것을 말하지 않은 건 내 잘못이야. 그러니 오늘 저녁에 자네 집 말고 레스토랑에서 외식하는 건 어때? 내가 자네 가족 모두에게 저녁을 사겠네.

You can give them a ring on my mobile phone. ____, it is my ___ not telling you that I don't eat meat. So why don't we eat out tonight at a restaurant instead of your house? I would like to treat ___ of your family members.

Hi, _____. I _____ _____ of
my _____ here but they
went to a grocery _____ in
this shopping _____.

안녕 숀! 여기에 딸 넷을
데려왔는데 잠깐 쇼핑몰
안에 있는 마트에 갔어.

Yeah. They _____ some
_____, _____ fish, shrimp,
_____, _____ and soy _____
for the dinner party with you.

응, 오늘 저녁 자네와
함께하는 저녁 파티
준비하려고 미트몰이랑
생선이랑 새우랑
소금이랑 간장을 샀거든.

I see. I need to _____ to my
_____ about that.
Let me give them a _____.
Gosh, my cell phone battery
is dead.

그랬군. 내 딸들에게
말해줘야겠네. 전화
좀 할게. 저런, 핸드폰
배터리가 없네.

That's _____! Thanks,
_____! My wife and my _____
sons and five _____ will
be there. Can I _____ bring
_____ of my grandsons and
_____? The total
number is _____.

아주 좋아! 고맙네, 숀!
아내랑 아들 넷과 딸
다섯이 같이 갈 거야.
손주들도 다 데리고 가도
되지? 전체 인원수는
14명이 되겠네.

Auto는 '오토'가 맞나요? '어와러우'가 맞나요?   **mp3.15**

[ɔː] 영국식 발음 (오오) vs. 미국식 발음(어와)

Paul [ˈpɔːl], law [ˈlɔː], caught [ˈkɔːt], bought [ˈbɔːt], all [ˈɔːl], core [ˈkɔː(r)]처럼 단어 안에 au, aw, augh, ough, al, or이 있으면 영국 영어와 미국 영어 모두 [ɔː]로 발음해야 합니다. 사실 영국 영어와 미국 영어 모두 발음 기호는 [ɔː]로 동일하지만 실제 소리는 많은 차이가 있습니다.

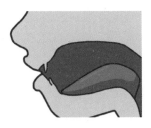

영국식 발음 [ɔː]

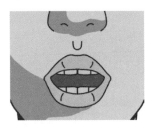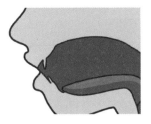

미국식 발음 [ɔː]

영국식 영어 발음 [ɔː]는 미국식 [ɔː]에 비해서 입술이 좀 더 오므라지며 혀의 뒷부분이 좀더 위쪽으로 올라갑니다. 쉽게 표현하면 영국식 [ɔː]는 우리말 '오오'와 매우 비슷한 소리입니다.

미국식 영어 발음 [ɔː]는 영국식 [ɔː]에 비해서 입술 모양은 비슷하지만 턱과 혀가 좀 더 아래쪽으로 내려갑니다. 쉽게 표현하면 미국식 [ɔː]는 우리말 '어와'를 하나의 소리로 이어서 말하는 것과 매우 비슷한 소리입니다.

특히나 or 또는 our 같은 철자가 들어 있는 단어들은 영국 영어에서는 뒤에 따라오는 r을 발음하지 않고 [ɔː]로만 발음하지만 미국 영어의 경우에는 r도 정확하게 발음하여 [ɔːr]로 발음하기 때문에 소리에 큰 차이가 있습니다. 그래서 morning은 영국 영어에서는 모오닝 [ˈmɔːning]과 같이 말하지만 미국 영어에서는 모와r닝 [ˈmɔːrning]처럼 발음합니다.

아래의 단어들을 들어보면서 밑줄 친 부분의 영국 영어와 미국 영어의 [ɔː] 발음의 차이를 확인해 보세요.

mp3.16

P<u>au</u>l	th<u>ough</u>t	<u>a</u>ll	d<u>augh</u>ter	Shawn
st<u>o</u>re	m<u>a</u>ll	s<u>aw</u>	f<u>ou</u>r	w<u>a</u>lking
h<u>a</u>llway	b<u>ough</u>t	meatb<u>a</u>ll	r<u>aw</u>	s<u>au</u>sage
s<u>a</u>lt	s<u>au</u>ce	<u>a</u>lready	pr<u>aw</u>n	<u>a</u>lways
t<u>a</u>lk	c<u>a</u>ll	<u>a</u>lso	f<u>au</u>lt	<u>awe</u>some
granddaughter	f<u>ou</u>rteen			

안녕 폴! 나는 자네가 딸들을 여기에 모두 데리고 올 거라 생각했는데.

Hey, Paul. I thought you were coming here with all of your daughters.

아, 몰 안에 있는 마트에 갔군. 5분 전에 딸 넷이 복도에 걸어가는 것을 본 것 같아.

Oh, they have gone to a supermarket in this mall. Maybe I saw your four daughters walking in the hallway 5 minutes ago.

저런, 이미 미트볼이랑 생선이랑 새우랑 소시지를 샀다고. 내가 채식주의자라는 것을 미리 알려줬어야 했는데.

Oh, they have already bought meatballs, raw fish, prawns and sausages. I should have told you that I have always been a vegetarian.

내 핸드폰으로 전화해도 돼. 그리고 내가 고기를 안 먹는다는 것을 말하지 않은 건 내 잘못이야. 그러니 자네 집 말고 오늘 저녁에 자네 집 말고 레스토랑에서 외식하는 건 어때? 내가 자네 가족 모두에게 저녁을 사겠네.

You can give them a ring on my mobile phone. Also, it is my fault not telling you that I don't eat meat. So why don't we eat out tonight at a restaurant instead of your house? I would like to treat all of your family members.

Hi, Shawn. I brought four of my daughters here but they went to a grocery store in this shopping mall.

안녕 숀! 여기에 딸 넷을 데려왔는데 잠깐 쇼핑몰 안에 있는 마트에 갔어.

Yeah. They bought some meatballs, raw fish, shrimp, sausages, salt and soy sauce for the dinner party with you.

응, 오늘 저녁 자네와 함께하는 저녁 파티 준비하려고 미트볼이랑 생선이랑 새우랑 소금이랑 간장을 샀거든.

I see. I need to talk to my daughters about that. Let me give them a call. Gosh, my cell phone battery is dead.

그랬군. 내 딸들에게 말해줘야겠네. 전화 좀 할게. 저런, 핸드폰 배터리가 없네.

That's awesome! Thanks, Shawn! My wife and my four sons and five daughters will be there. Can I also bring all of my grandsons and granddaughters? The total number is fourteen.

아주 좋아! 고맙네, 숀! 아내랑 아들 넷과 딸 다섯이 같이 갈 거야. 손주들도 다 데리고 가도 되지? 전체 인원수는 14명이 되겠네.

Dictation Practice

mp3.17.1
미국 성우

____ and his _____ _____ an ____ tape at the ____.
폴과 딸은 쇼핑몰에서 오디오 테이프를 샀어요.

____ _____ were ____ near the ____ of the ____ in the
_____.
아침에 말 네 마리가 그 상점의 문 근처에서 태어났어요.

_____ I go to the _____, I need to buy some _____,
_____ and _____.
사우나에 가기 전에, 소시지랑 오렌지 그리고 호두를 좀
사야겠다.

___ the ___ basketball players _____ to the ___ while
the _____ _____ player was _____ a man ____ ____.
모든 키 큰 농구 선수들은 현관으로 갔지만 키 작은 야
구 선수는 죠스라고 불리는 한 남자를 스토킹하는 중이
었어요.

mp3.17.2
영국 성우

Paul and his daughter bought an audio tape at the mall.
폴과 딸은 쇼핑몰에서 오디오 테이프를 샀어요.

Four horses were born near the door of the store in the morning.
아침에 말 네 마리가 그 상점의 문 근처에서 태어났어요.

Before I go to the sauna, I need to buy some sausages, oranges and walnuts.
사우나에 가기 전에, 소시지랑 오렌지 그리고 호두를 좀 사야겠다.

All the tall basketball players walked to the hall while the small baseball player was stalking a man called Jaws.
모든 키 큰 농구 선수들은 현관으로 갔지만 키 작은 야구 선수는 죠스라고 불리는 한 남자를 스토킹하는 중이었어요.

안녕하세요. 주문하려고 하는데요.

████, I am ready to order.

애피타이저로 감자수프 한 그릇이랑 토마토 샐러드요.

I am ████ to have a ████ of ████ soup and ████ salad for appetiser.

훈제 치킨 스튜는 별로 안 좋아해요. 그러면 코코넛 수프 한 그릇 주시고요. 구운 소고기 슬라이스를 올린 토스트 하나 주세요.

I ████ like ████ chicken stew. I will have a ████ of ████ soup instead. Can I also have ████ with some ████ beef slices on it?

T본 스테이크하고 홈메이드 파스타 콤보 주세요.

T-████ steak and ████ pasta ████ please.

디저트는 차가운 코코아 한잔이랑 알로에 푸딩, 그리고 도넛 한 개 주세요.

I would like to have a cup of ████████, ████ pudding and a ████████ for dessert.

아뇨. 지금은 괜찮아요.

████, that's all for now.

mp3.18

_____, Mr. _____. What do you want to order?

> Joe 님, 안녕하세요. 무엇을 주문하시겠어요?

You can order _____ salad, but we're out of _____ soup. We also have _____ soup and _____ chicken stew.

> 토마토 샐러드는 주문하실 수 있지만 감자수프는 다 떨어졌어요. 코코넛 수프와 훈제 치킨 스튜도 있습니다.

_____ sir. One _____ of _____ soup and some _____ beef slices on _____. How about for the main dish?

> 아 네, 알겠습니다. 코코넛 수프 한 그릇이랑 구운 소고기 슬라이스를 올린 토스트요. 주요리는 무엇으로 준비해 드릴까요?

_____, the T-_____ steak and _____ pasta _____. How about for the dessert?

> 네, T본 스테이크와 홈메이드 파스타 콤보요. 디저트는 어떻게 할까요?

A cup of _____ _____, _____ pudding and a _____. Anything else?

> 차가운 코코아 한잔, 알로에 푸딩, 그리고 도넛 한 개요. 다른 것은 안 필요하신가요?

_____. Thank you sir.

> 네, 감사합니다.

cocoa는 코코아 일까요?

영단어에서 알파벳 oa, ow, ou와 같이 o가 있는 부분을
영국 영어에서는 [əʊ]로 발음할 때 미국 영어에서는 [oʊ]
로 다르게 발음해야 합니다.

  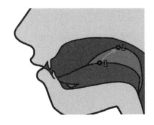

영국식 발음 [əʊ]

영국 영어의 [əʊ]는 첫 소리를 발음할 때 입술이 오므라
지지 않고 턱도 덜 내려가는 발음으로 우리말 '으오우'
를 '오' 부분에 힘을 주면서 빠르게 하나의 소리처럼 읽
는 것과 비슷합니다.

　아래의 단어들을 들어보면서 영국식 발음과 미국식
발음의 차이를 확인해 보세요. (발음 기호 왼쪽 영국식, 오른쪽 미국식)

mp3.19

hello	[həˈləʊ]	[həˈloʊ]
tomato	[təˈmɑːtəʊ]	[təˈmeɪtoʊ]
roasted	[ˈrəʊstɪd]	[ˈroʊstɪd]
cold	[ˈkəʊld]	[ˈkoʊld]
Joe	[ˈdʒəʊ]	[ˈdʒoʊ]
coconut	[ˈkəʊkənʌt]	[ˈkoʊkənʌt]
okay	[əʊˈkeɪ]	[oʊˈkeɪ]
cocoa	[ˈkəʊkəʊ]	[ˈkoʊkoʊ]

 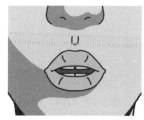 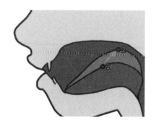

미국식 발음 [oʊ]

미국 영어의 [oʊ]는 턱이 아래로 많이 더 내려가고 입술을 오므리고 하는 발음으로 우리말 '어오우'를 '오' 부분에 힘을 주면서 빠르게 하나의 소리처럼 읽는 것과 비슷합니다.

go	[ˈgəʊ]	[ˈgoʊ]
smoked	[ˈsməʊkt]	[ˈsmoʊkt]
bone	[ˈbəʊn]	[ˈboʊn]
aloe	[ˈæləʊ]	[ˈæloʊ]
bowl	[ˈbəʊl]	[ˈboʊl]
don't	[ˈdəʊnt]	[ˈdoʊnt]
home	[ˈhəʊm]	[ˈhoʊm]
doughnut	[ˈdəʊnʌt]	[ˈdoʊnʌt]
potato	[pəˈteɪtəʊ]	[pəˈteɪtoʊ]
toast	[ˈtəʊst]	[ˈtoʊst]
combo	[ˈkɒmbəʊ]	[ˈkɑːmboʊ]
no	[ˈnəʊ]	[ˈnoʊ]

안녕하세요. 주문하려고 하는데요.	**Hello**, I am ready to order.
애피타이저로 감자수프 한 그릇이랑 토마토 샐러드요.	I am **going** to have a **bowl** of **potato** soup and **tomato** salad for appetiser.
훈제 치킨 스튜는 별로 안 좋아해요. 그러면 코코넛 수프 한 그릇 주시고요. 구운 소고기 슬라이스를 올린 토스트 하나 주세요.	I **don't** like **smoked** chicken stew. I will have a **bowl** of **coconut** soup instead. Can I also have **toast** with some **roasted** beef slices on it?
T본 스테이크하고 홈메이드 파스타 콤보 주세요.	**T-bone** steak and **homemade** pasta **combo** please.
디저트는 차가운 코코아 한잔이랑 알로에 푸딩, 그리고 도넛 한 개 주세요.	I would like to have a cup of **cold cocoa**, **aloe** pudding and a **doughnut** for dessert.
아뇨. 지금은 괜찮아요.	**No**, that's all for now.

Hello, Mr. Joe. What do you want to order?

Joe 님, 안녕하세요. 무엇을 주문하시겠어요?

You can order tomato salad, but we're out of potato soup. We also have coconut soup and smoked chicken stew.

토마토 샐러드는 주문하실 수 있지만 감자수프는 다 떨어졌어요. 코코넛 수프와 훈제 치킨 스튜도 있습니다.

Okay sir. One bowl of coconut soup and some roasted beef slices on toast. How about for the main dish?

아 네, 알겠습니다. 코코넛 수프 한 그릇이랑 구운 소고기 슬라이스를 올린 토스트요. 주 요리는 무엇으로 준비해 드릴까요?

Okay, the T-bone steak and homemade pasta combo. How about for the dessert?

네, T본 스테이크와 홈메이드 파스타 콤보요. 디저트는 어떻게 할까요?

A cup of cold cocoa, aloe pudding and a doughnut. Anything else?

차가운 코코아 한잔, 알로에 푸딩, 그리고 도넛 한 개요. 다른 것은 안 필요하신가요?

Okay. Thank you sir.

네, 감사합니다.

Dictation Practice

mp3.20.1
미국 성우

___, ___, ___ your ___ to the _____ ____.
노란 바위 쪽으로 배의 노를 저어라.

_____ ____ ____ ____ ___ _____ and the ___ drink.
저 사람들은 차가운 코코아와 알로에 음료는 주문하지
않을 거야.

I ____ _____ where the ___ is in my ___, _ I will _
back _____ to get another ___.
내 코트 어디에 구멍이 났는지 모르겠어. 그래서 다른
코트 가지러 집에 돌아갈 거야.

The ____ _____ the _____ box and _____ that there
were _ _____ taken in the _____.
코치님이 포토박스를 열었고 클로버 사진은 없다는 걸
알았어요.

mp3.20.2
영국 성우

Row, row, row your boat to the yellow stone.
노란 바위 쪽으로 배의 노를 저어라.

Those folks won't order cold cocoa and the aloe drink.
저 사람들은 차가운 코코아와 알로에 음료는 주문하지
않을 거야.

I don't know where the hole is in my coat, so I will go
back home to get another coat.
내 코트 어디에 구멍이 났는지 모르겠어. 그래서 다른
코트 가지러 집에 돌아갈 거야.

The coach opened the photo box and noticed that there
were no clovers taken in the photos.
코치님이 포토박스를 열었고 클로버 사진은 없다는 걸
알았어요.

John이 옥스퍼드 콘서트 홀에서 일하게 되었나요?	Has ___ ___ a ___ at ___ ___ hall?
보디가드로요! 누구를 보디가드 하죠?	As a ___! For whom?
그렇군요. John이 그 콘서트 홀에서 있는 오페라 여배우들과 모델들을 잘 보호해 줄 거라 믿어요.	Okay, I am sure ___ can take good care of those ___ actresses and ___ at the ___ hall.
맞아요. 아주 유망한 대학생 복서였죠. John이 이 쇼핑센터로 오고 있나요?	That's right. He was a ___ ___ ___. Is ___ coming to this ___ centre?
저런, 그의 생일 선물을 잊었네요. 생일선물 가져왔어요?	Oh my ___! I ___ his birthday present. Have you ___ his gift?
John이 커피를 많이 좋아하면, 커피숍에 가서 커피콩을 좀 사야겠네요. 사는 데 얼마 들었나요?	If ___ loves coffee a ___, I will go to a ___ ___ and buy some ___ beans for him. How much did they ___?

mp3.21

Yes, ▮ ▮ a ▮ at ▮
▮ hall as a ▮.

네, John은 옥스퍼드
콘서트 홀에서 보디가드로
일하게 되었어요.

You know, there are some
▮ actresses and ▮
working at the ▮ hall.

아시다시피, 콘서트
홀에서 일하는 오페라
여배우들과 모델들이
있잖아요.

Yeah. ▮ is a very ▮
man. He used to be a ▮
when he was in ▮.

네, John은 아주 강한
남자니까요. 대학시절에
복싱선수를 한 적도
있어요.

Yes, he is coming here soon.
Did you get a gift for ▮?
Today is his birthday.

네, 곧 올 거예요.
John에게 줄 선물을
챙겨왔나요? 오늘이 그
친구 생일이잖아요.

Oh ▮! You didn't buy his gift?
I ▮ a pack of ▮ beans
and a ▮ of ▮ oil. He loves
▮ and ▮ oil a ▮.

아이고. 생일선물 안
샀어요? 저는 커피콩 한
팩이랑 올리브 오일을
가져왔는데. John이
따뜻한 커피랑 올리브
오일을 많이 좋아하잖아요.

The ▮ beans ▮ about
20 ▮ and ▮ oil is 10
▮. I know there is a ▮
▮ near the west entrance,
so let's go there together.

커피콩은 20달러에
샀고 올리브오일은
10달러예요. 쇼핑몰 서쪽
입구 근처에 커피숍이
있어요. 같이 그리로
가보죠.

Body은 보디일까요, 바디일까요?

알파벳 'o'가 미국 영어에서는 [ɑː] 또는 [ɔː]로 발음될 때 영국 영어에서는 [ɒ]라는 영국 영어에만 있는 소리로 말합니다.

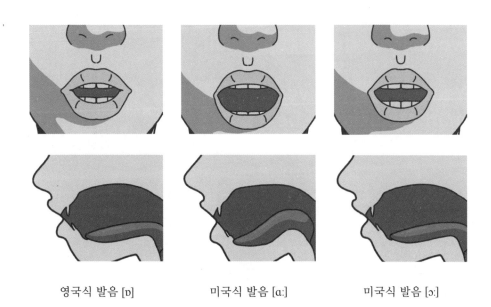

영국식 발음 [ɒ]   미국식 발음 [ɑː]   미국식 발음 [ɔː]

영국 영어의 [ɒ]는 입술을 많이 오므린 상태에서 우리말 '아' 소리를 내면 비슷하게 발음할 수 있습니다.

  미국 영어의 [ɑː]는 턱을 아래로 많이 내리고 우리말 '아아'로, [ɔː]는 입술을 오므리고 '어와'를 앞 소리에 힘을 주면서 발음하면 비슷하게 발음할 수 있습니다.

아래의 단어들을 들어보면서 미국 영어와 영국 영어
발음의 차이를 확인해 보세요.

영국식 발음 [ɒ] vs. 미국식 발음 [ɔː]

coffee	[ˈkɒfi]	[ˈkɔːfi]	**mp3.22**
soft	[ˈsɒft]	[ˈsɔːft]	
boss	[ˈbɒs]	[ˈbɔːs]	
strong	[ˈstrɒŋ]	[ˈstrɔːŋ]	
office	[ˈɒfɪs]	[ˈɔːfɪs]	
song	[ˈsɒŋ]	[ˈsɔːŋ]	
cost	[ˈkɒst]	[ˈkɔːst]	
dog	[ˈdɒg]	[ˈdɔːg]	
offer	[ˈɒfə]	[ˈɔːfər]	
long	[ˈlɒŋ]	[ˈlɔːŋ]	

영국식 발음 [ɒ] vs. 미국식 발음 [ɑː]

John	[ˈdʒɒn]	[ˈdʒɑːn]
bodyguard	[ˈbɒdigɑːd]	[ˈbɑːdigɑːrd]
promising	[ˈprɒmɪsɪŋ]	[ˈprɑːmɪsɪŋ]
bottle	[ˈbɒtl]	[ˈbɑːtl]
got	[ˈgɒt]	[ˈgɑːt]
opera	[ˈɒprə]	[ˈɑːprə]
shopping	[ˈʃɒpɪŋ]	[ˈʃɑːpɪŋ]
olive	[ˈɒlɪv]	[ˈɑːlɪv]
Oxford	[ˈɒksfəd]	[ˈɑːksfərd]
boxer	[ˈbɒksə]	[ˈbɑːksər]
forgot	[fəˈgɒt]	[fərˈgɑːt]
lot	[ˈlɒt]	[ˈlɑːt]
job	[ˈdʒɒb]	[ˈdʒɑːb]
model	[ˈmɒdəl]	[ˈmɑːdəl]
God	[ˈgɒd]	[ˈgɑːd]
hot	[ˈhɒt]	[ˈhɑːt]
concert	[ˈkɒnsət]	[ˈkɑːnsərt]
college	[ˈkɒlɪdʒ]	[ˈkɑːlɪdʒ]
gosh	[ˈgɒʃ]	[ˈgɑːʃ]
dollar	[ˈdɒlə]	[ˈdɑːlər]

John이 옥스퍼드 콘서트 홀에서 일하게 되었나요?	**Has John got a job at Oxford concert hall?**
보디가드로요! 누구를 보디가드 하죠?	**As a bodyguard! For whom?**
그렇군요. John이 그 콘서트 홀에서 있는 오페라 여배우들과 모델들을 잘 보호해 줄 거라 믿어요.	**Okay, I am sure John can take good care of those opera actresses and models at the concert hall.**
맞아요. 아주 유망한 대학생 복서였죠. John이 이 쇼핑센터로 오고 있나요?	**That's right. He was a promising college boxer. Is John coming to this shopping centre?**
저런, 그의 생일 선물을 잊었네요. 생일선물 가져왔어요?	**Oh my God! I forgot his birthday present. Have you got his gift?**
John이 커피를 많이 좋아하면, 커피숍에 가서 커피콩을 좀 사야겠네요. 사는 데 얼마 들었나요?	**If John loves coffee a lot, I will go to a coffee shop and buy some coffee beans for him. How much did they cost?**

Yes, John got a job at Oxford concert hall as a bodyguard.

네, John은 옥스퍼드 콘서트 홀에서 보디가드로 일하게 되었어요.

You know, there are some opera actresses and models working at the concert hall.

아시다시피, 콘서트 홀에서 일하는 오페라 여배우들과 모델들이 있잖아요.

Yeah. John is a very strong man. He used to be a boxer when he was in college.

네, John은 아주 강한 남자니까요. 대학시절에 복싱선수를 한 적도 있어요.

Yes, he is coming here soon. Did you get a gift for John? Today is his birthday.

네, 곧 올 거예요. John에게 줄 선물을 챙겨왔나요? 오늘이 그 친구 생일이잖아요.

Oh gosh! You didn't buy his gift? I got a pack of coffee beans and a bottle of olive oil. He loves hot coffee and olive oil a lot.

아이고. 생일선물 안 샀어요? 저는 커피콩 한 팩이랑 올리브 오일을 가져왔는데. John이 따뜻한 커피랑 올리브 오일을 많이 좋아하잖아요.

The coffee beans cost about 20 dollars and olive oil is 10 dollars. I know there is a coffee shop near the west entrance, so let's go there together.

커피콩은 20달러에 샀고 올리브오일은 10달러예요. 쇼핑몰 서쪽 입구 근처에 커피숍이 있어요. 같이 그리로 가보죠.

mp3.23.1
미국 성우

Dictation Practice

The ___ of the _____ ___ made an ____ to the _____ worker.
커피숍 사장님이 사무직원에게 제안을 했어요.

If the _____ worker can make the ___'s dog ___ barking, the boss will give him a new ___ position as well as a ____ vacation.
만약에 그 사무직원이 사장님의 개가 짖는 것을 멈추게 할 수 있다면, 사장님은 그 직원에게 휴가뿐 아니라 새로운 직책을 줄 겁니다.

____ used to be a ___ player and a ____.
John은 골프선수이자 복싱선수였었죠.

_____ new ___ is a _____ caring for _____ actresses and _____ working in this _____ hall.
John의 새로운 직업은 이 콘서트 홀에서 일하는 오페라 여배우와 모델들을 돌보는 보디가드 역할이에요.

Dictation Practice

mp3.23.2
영국 성우

The <u>boss</u> of the <u>coffee</u> <u>shop</u> made an <u>offer</u> to the <u>office</u> worker.
커피숍 사장님이 사무직원에게 제안을 했어요.

If the <u>office</u> worker can make the <u>boss</u>'s dog <u>stop</u> barking, the boss will give him a new <u>job</u> position as well as a <u>long</u> vacation.
만약에 그 사무직원이 사장님의 개가 짖는 것을 멈추게 할 수 있다면, 사장님은 그 직원에게 휴가뿐 아니라 새로운 직책을 줄 겁니다.

<u>John</u> used to be a <u>golf</u> player and a <u>boxer</u>.
John은 골프선수이자 복싱선수였었죠.

<u>John</u>'s new <u>job</u> is a <u>bodyguard</u> caring for <u>opera</u> actresses and <u>models</u> working in this <u>concert</u> hall.
John의 새로운 직업은 이 콘서트 홀에서 일하는 오페라 여배우와 모델들을 돌보는 보디가드 역할이에요.

이제 고모랑 춤 못 추겠어 정말.

I ⬛ stand ⬛ with my ⬛.

어제 아침에 고모랑 춤을 추고 있었는데 고모가 내 시험 성적을 물어보는거야. 내가 시험을 통과하지 못했고 절반 이상을 틀렸다고 하니까 나를 비웃는 눈치더라고.

My ⬛ me about my test score when we ⬛ together ⬛ morning. She seemed to ⬛ at me ⬛ she heard that I didn't ⬛ the test and got more than ⬛ of my ⬛ incorrect on the test.

비웃지 마. 너랑 더 이상 이야기 못 하겠다.

Stop ⬛ at me. I ⬛ talk to you any longer.

좋은 생각이다. 그냥 차라리 목욕이나 하고 좀 쉬어야겠다.

That's a good idea. I would ⬛ take a ⬛ and relax myself.

mp3.24

You ▮ stand ▮ with your ▮? Why, what happened?

고모랑 춤추기 힘들다고? 뭔 일이야?

Oh you didn't ▮ the exam and even got ▮ of the ▮ incorrect? If I were your ▮, I would ▮ you to stop ▮ and study more. By the way I got 100 on the same test.

야, 너 시험 통과 못했고 절반이나 틀렸다고? 내가 네 고모라면 너 춤 그만 추고 공부나 열심히 하라고 할 거야. 그런데 나는 그 시험 100점 맞은 건 알지?

Calm down. Go take a ▮ and get some sleep. That will relax your mind.

진정해. 가서 목욕 좀 하고 잠 좀 자봐. 마음이 편안해질 거야.

Can't는 캔트일까요? 칸트일까요?

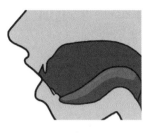

영국식 발음 [ɑː]

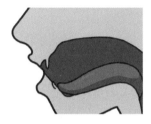

미국식 발음 [æ]

미국 영어와 영국 영어 모두 알파벳 'a'와 일부 'au'는 강세가 있으면 주로 [æ]로 발음하지만 영국 영어에서는 [ɑː]로 발음할 때도 많습니다. [ɑː]는 턱을 아래로 많이 내리고 우리말 '아아'처럼 발음하면 비슷해지고, [æ]는 우리말 '애'와 '아'의 중간쯤 되는 소리로 마치 우리말로 '애아'를 하나의 소리처럼 이어서 말하면 비슷한 소리가 됩니다.

아래의 단어들은 영국과 미국 모두 [æ]로 발음하는 단어들로 들어보면 영국식과 미국식이 매우 비슷하게 들리는 것을 알 수 있습니다.

cap [ˈkæp]	mad [ˈmæd]	have [ˈhæv]
tab [ˈtæb]	tack [ˈtæk]	has [ˈhæs]
cat [ˈkæt]	gag [ˈgæg]	cash [ˈkæʃ]
match [ˈmætʃ]	jam [ˈdʒæm]	gang [ˈgæŋ]
badge [ˈbædʒ]	pan [ˈpæn]	pal [ˈpæl]

미국 영어에서는 알파벳 a가 강세가 있으면 대부분의 단어들을 [æ]로 발음합니다. 하지만 영국 영어에서는 알파벳 a 뒤에 [s, f, θ, nt, ns, ntʃ] 같은 소리가 따라나올 때는 [æ]가 아닌 [ɑː]로 발음해야 합니다.

다음 단어들을 발음의 차이에 유의하면서 비교해서 들어보세요.

mp3.26

after	[ˈɑːftə]	[ˈæftər]
half	[ˈhɑːf]	[ˈhæf]
calf	[ˈkɑːf]	[ˈkæf]
laugh	[ˈlɑːf]	[ˈlæf]
banana	[bəˈnɑːnə]	[bəˈnænə]
can't	[ˈkɑːnt]	[ˈkænt]
plant	[ˈplɑːnt]	[ˈplænt]
ask	[ˈɑːsk]	[ˈæsk]
pass	[ˈpɑːs]	[ˈpæs]
last	[ˈlɑːst]	[ˈlæst]
pastor	[ˈpɑːstə]	[ˈpæstər]
aunt	[ˈɑːnt]	[ˈænt]
dance	[ˈdɑːns]	[ˈdæns]
ranch	[ˈrɑːntʃ]	[ˈræntʃ]
bath	[ˈbɑːθ]	[ˈbæθ]
path	[ˈpɑːθ]	[ˈpæθ]
rather	[ˈrɑːðə]	[ˈræðər]
lather	[ˈlɑːðə]	[ˈlæðər]
France	[ˈfrɑːns]	[ˈfræns]
answer	[ˈɑːnsə]	[ˈænsər]
branch	[ˈbrɑːntʃ]	[ˈbræntʃ]

이제 고모랑 춤 못 추겠어 정말.

I can't stand dancing with my aunt.

어제 아침에 고모랑 춤을 추고 있었는데 고모가 내 시험 성적을 물어보는거야. 내가 시험을 통과하지 못했고 절반 이상을 틀렸다고 하니까 나를 비웃는 눈치더라고.

My aunt asked me about my test score when we danced together last morning. She seemed to laugh at me after she heard that I didn't pass the test and got more than half of my answers incorrect on the test.

비웃지 마. 너랑 더 이상 이야기 못 하겠다.

Stop laughing at me. I can't talk to you any longer.

좋은 생각이다. 그냥 차라리 목욕이나 하고 좀 쉬어야겠다.

That's a good idea. I would rather take a bath and relax myself.

You can't stand dancing with your aunt? Why, what happened?

고모랑 춤추기 힘들다고?
뭔 일이야?

Oh you didn't pass the exam and even got half of the answers incorrect? If I were your aunt, I would ask you to stop dancing and study more. By the way I got 100 on the same test.

야, 너 시험 통과 못했고
절반이나 틀렸다고?
내가 네 고모라면 너 춤
그만 주고 숑부나 열심히
하라고 할 거야. 그런데
나는 그 시험 100점 맞은
건 알지?

Calm down. Go take a bath and get some sleep. That will relax your mind.

진정해. 가서 목욕 좀
하고 잠 좀 자봐. 마음이
편안해질 거야.

Dictation Practice

mp3.27.1
미국 성우

The _____ __ and __ __ on a ____ ___.
그 남자의 배트와 고양이가 검은 매트 위에 있다.

They _____ me to buy some _____, baskets and _____
for their party.
그들은 내게 파티에 필요한 바나나, 바구니, 마스크를
사라고 했다.

_____ taking a ___, the _____ _____ from _____ ___
_____ with his ___.
목욕 후에, 프랑스의 댄스 마스터는 그의 고모랑 춤을
출 수 없다.

Although my ____ ___ about ___ of her _____
incorrect on her exam, she was able to ___ her ___.
고모는 시험에서 정답의 반을 틀렸는데도 수업을 통과
할 수 있었다.

mp3.27.2
영국 성우

The <u>man's</u> <u>bat</u> and <u>cat</u> <u>sat</u> on a <u>black</u> <u>mat</u>.
그 남자의 배트와 고양이가 검은 매트 위에 있다.

They <u>asked</u> me to buy some <u>bananas</u>, baskets and <u>masks</u>
for their party.
그들은 내게 파티에 필요한 바나나, 바구니, 마스크를
사라고 했다.

<u>After</u> taking a <u>bath</u>, the <u>dance</u> <u>master</u> from <u>France</u> <u>can't</u>
<u>dance</u> with his <u>aunt</u>.
목욕 후에, 프랑스의 댄스 마스터는 그의 고모랑 춤을
출 수 없다.

Although my <u>aunt</u> <u>had</u> about <u>half</u> of her <u>answers</u>
incorrect on her exam, she was able to <u>pass</u> her <u>class</u>.
고모는 시험에서 정답의 반을 틀렸는데도 수업을 통과
할 수 있었다.

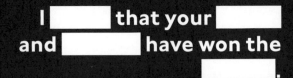

너희 아빠랑 엄마 복권에
당첨되셨다며.

I ▮▮▮▮ that your ▮▮▮▮
and ▮▮▮▮ have won the
▮▮▮▮.

여동생이 3천만 달러를
받았다고? 그 돈으로 뭐할
거래?

Your ▮▮▮▮ won ▮▮▮▮
million ▮▮▮▮? What is
she going to do with the
money?

가난한 사람들을 위한
새로운 사회복지 센터라.
좋은 생각이야. 이 센터
사업하는데 책임자는
누가 되는 거야?

A new social ▮▮▮▮ ▮▮▮▮
▮▮ the ▮▮▮▮! That's a great
idea. Who is going to be
in ▮▮▮▮ of the ▮▮▮▮
project?

야, 그냥 여동생한테 나를
고용하라고 이야기 좀
해줘. 내가 그 친구에게는
최고의 사업 기획자이자
멘토일 거야.

Hey, just ▮▮▮▮ me to
your ▮▮▮▮ that she should
▮▮▮▮ me. I am ▮▮▮▮ I am the
best project ▮▮▮▮ and
▮▮▮▮ ▮▮▮ ▮▮▮▮.

mp3.28

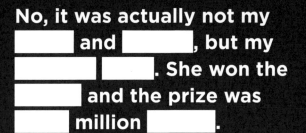

No, it was actually not my ▮▮▮ and ▮▮▮, but my ▮▮▮▮▮▮. She won the ▮▮▮ and the prize was ▮▮ million ▮▮▮.

아니야. 사실 우리 아빠, 엄마가 아니라 여동생이 당첨되었지. 당첨금이 3천만 달러라고 하더라고.

She said she would ▮▮▮ the ▮▮ in ▮ town by building a new social ▮▮▮ ▮▮.

우리 동네에 새로운 사회복지 센터를 설립해서 가난한 사람들을 지원하려 한다던데.

My ▮▮ is trying to ▮▮ some ▮▮ ▮▮ ▮▮. Do you know anyone who will ▮▮ well on this project?

여동생이 근처에 사는 이 분야 전문가들을 고용하려고 하는 것 같아. 이 사업 잘 꾸려갈 수 있는 아는 사람 있어?

Yeah, you have always ▮▮▮▮ my ▮▮. My ▮▮ has solved a ▮▮ of ▮▮ ▮▮ ▮▮ ▮▮. I think she will ▮ you ▮ the position if you want to ▮▮ with ▮▮.

아무렴. 너는 항상 내 여동생을 도와주었으니까. 여동생이 너의 멘토링을 받고 아주 중대한 문제들을 잘 풀어나갔지. 네가 여동생이랑 일하고 싶다고 하면 그 자리에 너를 고용할 것 같네.

Bird는 버드일까요, 벌드일까요?

영어의 [r] 발음은 입술을 아주 살짝 오므리고 혀의 끝
부분을 윗잇몸 위로 올리면서 동시에 혀의 중간 양 측면
을 어금니 안쪽 입천정 쪽으로 힘을 주어 올리고 발음하
는 소리입니다.

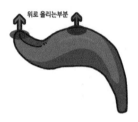

[r] 발음의 혀의 모양

 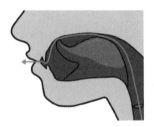

[r] 발음의 입술 모양과 혀의 위치

영국 영어에서는 read [ˈriːd]나 arrow [ˈærəʊ]처럼 알파벳
r 이 단어의 맨 앞에 나오거나 단어 중간에서 모음 앞에

나올 때는 미국 영어와 마찬가지로 정확한 [r] 발음을 해 주어야 합니다. 하지만 teacher [ˈtiːtʃə]처럼 알파벳 r이 단어의 마지막에 나오거나 bird [ˈbɜːd]처럼 알파벳 r 다음에 자음이 따라 나올 때는 미국 영어와 다르게 [r] 발음을 하지 않는 큰 차이가 있습니다.

심지어 미국 영어에서 알파벳 r을 발음하는 hear [ˈhɪr], bear [ˈber], poor [ˈpʊr]에서 나오는 [ɪr], [er], [ʊr]의 [r]을 영국 영어에서는 발음을 하지 않을 뿐 아니라 hear [ˈhɪə], bear [ˈbeə], poor [ˈpʊə]처럼 [r] 대신에 [ə] 발음을 넣어서 [ɪə], [eə], [ʊə]로 표기하여 [r]을 없애고 모음 소리를 길게 늘여서 발음하는 중요한 차이가 있습니다.

다음 단어들의 영국 영어 발음과 미국 영어 발음의 차이를 비교해서 들어보세요.

mp3.29

heard	[ˈhɜːd]	[ˈhɜːrd]
support	[səˈpɔːt]	[səˈpɔːrt]
hire	[ˈhaɪə]	[ˈhaɪər]
better	[ˈbetə]	[ˈbetər]
number	[ˈnʌmbə]	[ˈnʌmbər]
father	[ˈfɑːðə]	[ˈfɑːðər]
poor	[ˈpʊə]	[ˈpʊr]
expert	[ˈekspət]	[ˈekspərt]
sure	[ˈʃʊə]	[ˈʃʊr]
important	[ɪmˈpɔːtənt]	[ɪmˈpɔːrtənt]
mother	[ˈmʌðə]	[ˈmʌðər]
our	[ˈaʊə]	[ˈaʊr]
near	[ˈnɪə]	[ˈnɪr]
planner	[ˈplænə]	[ˈplænər]
matter	[ˈmætə]	[ˈmætər]
sister	[ˈsɪstə]	[ˈsɪstər]
welfare	[ˈwelfeə]	[ˈwelfer]
here	[ˈhɪə]	[ˈhɪr]
mentor	[ˈmentɔː]	[ˈmentɔːr]

under	[ˈʌndə]	[ˈʌndər]
thirty	[ˈθɜːti]	[ˈθɜːrti]
centre / center	[ˈsentə]	[ˈsentər]
wɔɪk	[ˈwɜːk]	[ˈwɜ̩rk]
for	[ˈfə]	[ˈfər]

너희 아빠랑 엄마 복권에 당첨되셨다며.

I heard that your father and mother have won the lottery.

여동생이 3천만 달러를 받았다고? 그 돈으로 뭐할 거래?

Your sister won thirty million dollars? What is she going to do with the money?

가난한 사람들을 위한 새로운 사회복지 센터라. 좋은 생각이야. 이 센터 사업하는데 책임자는 누가 되는 거야?

A new social welfare centre for the poor! That's a great idea. Who is going to be in charge of the centre project?

야, 그냥 여동생한테 나를 고용하라고 이야기 좀 해줘. 내가 그 친구에게는 최고의 사업 기획자이자 멘토일 거야.

Hey, just refer me to your sister that she should hire me. I am sure I am the best project planner and mentor for her.

No, it was actually not my **father** and **mother**, but my **younger** **sister**. She won the **lottery** and the prize was **thirty** million **dollars**.

아니야. 사실 우리 아빠, 엄마가 아니라 여동생이 당첨되었지. 당첨금이 3천만 달러라고 하더라고.

She said she would **support** the **poor** in **our** town by building a new social **welfare** **center**.

우리 동네에 새로운 사회복지 센터를 설립해서 가난한 사람들을 지원하려 한다던데.

My **sister** is trying to **hire** some **experts** **near** **here**. Do you know anyone who will **work** well on this project?

여동생이 근처에 사는 이 분야 전문가들을 고용하려고 하는 것 같아. 이 사업 잘 꾸려갈 수 있는 아는 사람 있어?

Yeah, you have always **supported** my **sister**. My sister has solved a **number** of **important** **matters** **under** **your** **mentoring**. I think she will **hire** you **for** the position if you want to **work** with **her**.

아무렴. 너는 항상 내 여동생을 도와주었으니까. 여동생이 너의 멘토링을 받고 아주 중대한 문제들을 잘 풀어나갔지. 네가 여동생이랑 일하고 싶다고 하면 그 자리에 너를 고용할 것 같네.

Dictation Practice

mp3.30.1
미국 성우

____ _____ ___ ____ ____ the ____ of the ____ in the
_____.

네 마리 말이 아침에 가게의 문가에서 태어났다.

My ____, _____, _____ and ____ __ _____ in the
____ ____ ___ house.

나의 아버지, 어머니, 형, 여동생은 집 근처의 공원에서
일하고 있다.

The _____ will ____ ____ bottles of ____ __ the
____ _____ who was just ____ ___.

매니저는 여기 막 고용된 실력이 부족한 바텐더를 위해
맥주 몇 병을 더 주문할 것이다.

I ____ that ____ ___ _____ ____ ___ _____ who
took the shopping ____ back to ____ ___.

나는 거의 서른 명에 가까운 노동자들이 쇼핑카트를 그
들의 가게로 되돌려주었다고 들었다.

mp3.30.2
영국 성우

Four horses were born near the door of the store in the morning.
네 마리 말이 아침에 가게의 문가에서 태어났다.

My father, mother, brother and sister are working in the park near our house.
나의 아버지, 어머니, 형, 여동생은 집 근처의 공원에서 일하고 있다.

The manager will order more bottles of beer for the poor bartender who was just hired here.
매니저는 여기 막 고용된 실력이 부족한 바텐더를 위해 맥주 몇 병을 더 주문할 것이다.

I heard that there were nearly thirty hard workers who took the shopping carts back to their store.
나는 거의 서른 명에 가까운 노동자들이 쇼핑카트를 그들의 가게로 되돌려주었다고 들었다.

네 아이들 과외 선생님이 엄청 유명한 유튜브 스타가 된 소식 들었어?

Have you heard the ▮▮ that your children's ▮▮ became a super famous ▮▮▮▮ star?

자기 스튜디오에 어리바리한 학생들을 데려와서 애들이 세운 목표를 이룰 수 있도록 긍정적인 방식으로 삶의 태도를 바꿔 주려고 한대. 그러한 과정을 비디오로 만들어서 매주 화요일에 유튜브에 올린다네.

She brings some ▮▮ ▮▮▮ to her ▮▮ and tries to change their ▮▮ in a positive way to ▮ their goals. She ▮▮ a video for each process and uploads it on ▮▮ every ▮▮.

지난주가 대박이었어. 두 명이 나왔지. 그 애들이 너무 멍청해서 참치와 치킨을 구별을 못하더라고. 선생님이 먼저 물고기랑 새들이 어떻게 다른지 설명해줬어.

Last week was the mega hit. There was a ▮▮. They were so ▮▮ that they couldn't distinguish ▮▮ and chicken. The ▮▮ ▮▮ them how fish and birds were different.

그게 말이지. 지난주에 그 선생님 유튜브에 나온 두 아이가 네 아이들이더라고.

You know, the ▮▮ on her ▮▮ channel last week was your children.

That is ⬛ ⬛ to me.
That ⬛ seemed superb in
teaching her ⬛. What
does she do on ⬛?

새로운 뉴스네. 선생님이
학생들을 아주 잘
가르치는 것 같더라고.
유튜브에서 뭘 하는데?

So the viewers can see
how her ⬛
dramatically change their
⬛ to ⬛ their
goals on her ⬛
channel every ⬛.
That's a brilliant idea.

그렇다면 선생님
유튜브 채널을 보는
사람들은 매주 화요일
마다 학생들이 자기들
목표를 이루려고 어떻게
드라마틱하게 태도를
바꿔나가는지 볼 수
있는 거네. 아주 멋진
아이디어야.

And eventually the ⬛ knew
the difference between tuna
and chicken, right? Maybe
some ⬛ children don't
know how they are different.

그리고 결과적으로는
그 두 아이들이 참치랑
치킨의 차이를 알게
되었겠네. 그렇지? 좀
둔한 애들은 아마 참치랑
치킨이 어떻게 다른지
모를 수도 있겠네.

Oh my God! Should I be
proud of that?

맙소사! 이걸 뿌듯해해야
하나?

YouTube는 유튜브일까요? 유투브일까요?　　mp3.31

영어의 [u:] 발음은 우리말 '우'와 매우 비슷하지만 '우'보다 입술을 좀 심하게 오므리고 길게 발음하는 소리입니다.

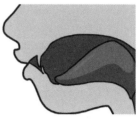

[u:] 발음의 입술 모양과 혀의 위치

영어 단어에서 use, few, Eugene처럼 알파벳 u, ew, eu 가 있으면 보통 발음 기호를 [ju:]로 표기하며 우리말 '유' 와 매우 유사한 소리입니다. 영국 영어에서는 대부분의 단어들에 u, ew, eu가 들어가 있으면 [ju:]로 발음합니다. 즉, 영국에서는 dew ['dju:], deuce ['dju:s], suit ['sju:t], news ['nju:z] 같은 단어들은 마치 dew [듀], deuce [듀씨], suit [쓀], news [뉴씨] 같이 들리게 됩니다.

하지만 미국 영어에서는 만약 u, ew, eu 앞에 t, d, s, n 이 있으면 우리말 유 [ju:]처럼 발음하는 영국 영어와 다르게 우우 [u:]처럼 발음해야 합니다. 그래서 미국 영어에서는 dew ['duː], deuce ['duːs], suit ['suːt], news ['nuːz] 같은 단어들은 마치 dew [두우], deuce [두우씨], suit [쑤 웉], news [누우씨]로 들리게 됩니다.

　우리나라의 경우는 80년대까지 영국 영어가 주류를 이루다가 90년대 이후에는 미국 영어로 주류가 바뀌다 보니 오래 진에 들어온 외래어 단어들은 대부분 영국식 발음인 유 [juː]처럼 발음하게 되었죠. 마치 tutor가 우리말 로 튜터가 되고 supermarket이 슈퍼마켓이 된 것도 그런 이유일 겁니다. 하지만 이러한 패턴들은 미국 영어에서는 우우 [uː]처럼 말하는 경우도 있으니 주의해야 합니다.

　다음 단어의 영국식 발음과 미국식 발음들을 비교해 서 들어보면서 우리말의 외래어들과 발음의 차이를 느 껴보세요.

mp3.32

news	[ˈnjuːz]	[ˈnuːz]
studio	[ˈstjuːdiəʊ]	[ˈstuːdioʊ]
tuna	[ˈtjuːnə]	[ˈtuːnə]
neutral	[ˈnjuːtrəl]	[ˈnuːtrəl]
tutor	[ˈtjuːtə]	[ˈtuːtər]
attitude	[ˈætɪtjuːd]	[ˈætɪtuːd]
introduce	[ˌɪntrəˈdjuːs]	[ˌɪntrəˈduːs]
nuance	[ˈnjuːɑːns]	[ˈnuːɑːns]
super	[ˈsjuːpə]	[ˈsuːpər]
pursue	[pəˈsjuː]	[pərˈsuː]
knew	[ˈnjuː]	[ˈnuː]
avenue	[ˈævənjuː]	[ˈævənuː]
YouTube	[ˈjuːtˌjuːb]	[ˈjuːˌtuːb]
produce	[prəˈdjuːs]	[ˈprəduːs]
dew	[ˈdjuː]	[ˈduː]
stew	[ˈstjuː]	[ˈstuː]
student	[ˈstjuːdənt]	[ˈstuːdənt]
Tuesday	[ˈtjuːzdeɪ]	[ˈtuːzdeɪ]

deuce	[ˈdjuːs]	[ˈduːs]
duty	[ˈdjuːti]	[ˈduːti]
stupid	[ˈstjuːpɪd]	[ˈstuːpɪd]
duo	[ˈdjuːɔʊ]	[ˈduːɔʊ]
suit	[ˈsjuːt]	[ˈsuːt]
stewardess	[ˈstjuːədəs]	[ˈstuːərdəs]

네 아이들 과외 선생님이 엄청 유명한 유튜브 스타가 된 소식 들었어?

Have you heard the news that your children's tutor became a super famous YouTube star?

자기 스튜디오에 어리바리한 학생들을 데려와서 애들이 세운 목표를 이룰 수 있도록 긍정적인 방식으로 삶의 태도를 바꿔 주려고 한대. 그러한 과정을 비디오로 만들어서 매주 화요일에 유튜브에 올린다네.

She brings some stupid students to her studio and tries to change their attitude in a positive way to pursue their goals. She produces a video for each process and uploads it on YouTube every Tuesday.

지난주가 대박이었어. 두 명이 나왔지. 그 애들이 너무 멍청해서 참치와 치킨을 구별을 못하더라고. 선생님이 먼저 물고기랑 새들이 어떻게 다른지 설명해줬어.

Last week was the mega hit. There was a duo. They were so stupid that they couldn't distinguish tuna and chicken. The tutor introduced them how fish and birds were different.

그게 말이지. 지난주에 그 선생님 유투브에 나온 두 아이가 네 아이들이더라고.

You know, the duo on her YouTube channel last week was your children.

That is **new** **news** to me. **That** **tutor** seemed superb in teaching her **students**. What does she do on **YouTube**?

새로운 뉴스네. 선생님이 학생들을 아주 잘 가르치는 것 같더라고. 유튜브에서 뭘 하는데?

So the viewers can see how her **students** dramatically change their **attitude** to **pursue** their goals on her **YouTube** channel every **Tuesday**. That's a brilliant idea.

그렇다면 선생님 유튜브 채널을 보는 사람들은 매주 화요일마다 학생들이 자기들 목표를 이루려고 어떻게 드라마틱하게 태도를 바꿔나가는지 볼 수 있는 거네. 아주 멋진 아이디어야.

And eventually the **duo** knew the difference between tuna and chicken, right? Maybe some **stupid** children don't know how they are different.

그리고 결과적으로는 그 두 아이들이 참치랑 치킨의 차이를 알게 되었겠네. 그렇지? 좀 둔한 애들은 아마 참치랑 치킨이 어떻게 다른지 모를 수도 있겠네.

Oh my God! Should I be proud of that?

맙소사! 이걸 뿌듯해해야 하나?

Dictation Practice

mp3.33.1
미국 성우

The _____ _____ ____ in a _____ manner.
그 스튜디오는 중립적인 태도로 뉴스를 생산한다.

I _____ the _____ and _____ ___ to my
_____ on _____.
나는 화요일에 내 학생들에게 스튜어드와 스튜어디스
를 소개했다.

My ___ is to make the _____ _____ _____ more
___ ___ products at the _____.
내 일은 수퍼마켓에서 주니어 관리자가 참치 스시를 더
많이 생산하도록 하는 것이다.

The _____ _____ ____ the ___ that the ___ had
lost his ___ in a _____ video production _____.
그 바보 같은 학생은 선생님이 YouTube 비디오 프로덕션
스튜디오에서 수트를 잃어버렸다는 소식을 알게 되었다.

mp3.33.2
영국 성우

The studio produces news in a neutral manner.
그 스튜디오는 중립적인 태도로 뉴스를 생산한다.

I introduced the steward and stewardess duo to my students on Tuesday.
나는 화요일에 내 학생들에게 스튜어드와 스튜어디스를 소개했다.

My duty is to make the junior supervisor produce more tuna sushi products at the supermarket.
내 일은 수퍼마켓에서 주니어 관리자가 참치 스시를 더 많이 생산하도록 하는 것이다.

The stupid student knew the news that the tutor had lost his suit in a YouTube video production studio.
그 바보 같은 학생은 선생님이 YouTube 비디오 프로덕션 스튜디오에서 수트를 잃어버렸다는 소식을 알게 되었다.

적군들이 정부에 재빨리
항복을 해 버렸대.

The ▆▆▆▆ forces have performed an ▆▆▆ reaction to surrender to the government.

맞아. 미사일을 적군의
비옥한 영토로 쏘면
황폐해지겠지.

Yes, if the ▆▆▆▆ had hit their ▆▆▆▆ territory, it would be ▆▆▆▆.

그 기기 크기가 내
핸드폰이랑 비슷하네.
하지만 이 기기로 적군이
말을 잘 듣게 만들었지.

The size of the device is similar to my ▆▆▆▆ phone. But this made the ▆▆▆▆ forces ▆▆▆▆.

mp3.34

I guess the government was about to fire some ██████ at the ██████ forces. Their ██████ decision protected them from losing their ██████ territory.

정부에서 적군에 미사일 몇 기를 쏘려고 했었다네. 적군의 재빠른 결정으로 비옥한 영토가 쑥대밭이 되지 않을 수 있었네.

Yes, I heard a small ██████ device can control the whole ██████ system.

그래. 작은 모바일 기기가 전체 미사일 시스템을 통제할 수 있다고 들었어.

Wow! It's amazing that a cell phone sized ██████ controller can stop negative actions from the ██████ forces.

이야! 핸드폰 크기만한 미사일 관리도구로 적군의 적대적인 행위를 멈출 수 있다니 대단하네.

모바일(mobile) 발음은 어느 나라 영어일까요?

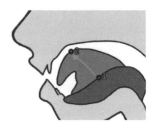

[aɪ] 발음의 입술 모양과 혀의 위치

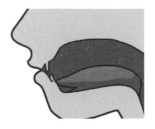

[ə] 발음의 입술 모양과 혀의 위치

영어의 [aɪ] 발음은 우리말 '아이'와 매우 비슷하며 가장 큰 차이는 앞 소리에 강세가 있어서 첫 소리인 '아'를 뒤에 따라나오는 '이'보다 훨씬 크고 길게 발음하여 마치 '아이'처럼 발음하는 소리입니다.

영어의 [ə] 발음은 슈와(schwa)라고도 불리며 영어 대부분의 모음들이 강세가 없을 경우에 [ə]로 발음하기 때문에 영어의 모든 모음들 중에 사용빈도가 가장 높은 발음입니다. 발음은 우리말 '으'와 '어'의 중간 정도의 위

치에서 나는 소리이며 편안한 상태에서 호흡을 하면 혀
가 구강의 중간에 위치하게 되고 그 상태에서 목을 울
리면서 발음하는 소리입니다.

영어 단어의 마지막이 –ile로 끝나는 단어들은 미국
영어에서는 슈와 [ə]로 발음하여 [əl]로 말하지만 영국
영어에서는 [aɪl]로 발음합니다. 그렇기 때문에 mobile은
영국 영어에서는 '모바일'과 비슷하게 들리지만 미국 영
어에서는 '모우벌'처럼 들리게 되는 것 입니다.

아래 단어들의 영국식 미국식 발음들을 비교해서 들어
보면서 우리말의 외래어들과 발음의 차이를 느껴보세요.

hostile	[ˈhɒstaɪl]	[ˈhɑːstəl]	**mp3.35**
sterile	[ˈsteraɪl]	[ˈsterəl]	
fertile	[ˈfɜːtaɪl]	[ˈfɜːrtəl]	
missile	[ˈmɪsaɪl]	[ˈmɪsəl]	
futile	[ˈfjuːtaɪl]	[ˈfjuːtəl]	
agile	[ˈædʒaɪl]	[ˈædʒəl]	
docile	[ˈdəʊsaɪl]	[ˈdɑːsəl]	
mobile	[ˈməʊbaɪl]	[ˈmoʊbəl]	
tactile	[ˈtæktaɪl]	[ˈtæktəl]	
fragile	[ˈfrædʒaɪl]	[ˈfrædʒəl]	

적군들이 정부에 재빨리
항복을 해 버렸대.

The hostile forces have performed an agile reaction to surrender to the government.

맞아. 미사일들을 적군의
비옥한 영토로 쏘면
황폐해지겠지.

Yes, if the missiles had hit their fertile territory, it would be sterile.

그 기기 크기가 내
핸드폰이랑 비슷하네.
하지만 이 기기가 적군을
말 잘 듣게 만들었지.

The size of the device is similar to my mobile phone. But this made the hostile forces docile.

I guess the government was about to fire some missiles at the hostile forces. Their agile decision protected them from losing their fertile territory.

정부에서 적군에 미사일 몇 기를 쏘려고 했었다네. 적군의 재빠른 결정으로 비옥한 영토가 쑥대밭이 되지 않을 수 있었네.

Yes, I heard a small mobile device can control the whole missile system.

그래. 작은 모바일 기기가 전체 미사일 시스템을 통제할 수 있다고 들었어.

Wow! It's amazing that a cell phone sized missile controller can stop negative actions from the hostile forces.

이야! 핸드폰 크기만한 미사일 관리도구로 적군의 적대적인 행위를 멈출 수 있다니 대단하네.

Dictation Practice

mp3.36.1
미국 성우

The whole _____ system is operated by this _____ phone.
전체 미사일 시스템은 이 모바일 폰으로 작동된다.

You should be careful and ____ especially when you carry a _____ item.
다루기 어려운 상품을 운반할 때는 특히 주의하고 민첩해야 한다.

The _____ forces think that they need to occupy the _____ territory, or their actions will be ____.
적군은 그들이 비옥한 영토를 점령해야 한다고 생각한다. 그렇지 않으면 그들의 행동은 소용없어질 것이다.

Dictation Practice

mp3.36.2
영국 성우

The whole <u>missile</u> system is operated by this <u>mobile</u> phone.
전체 미사일 시스템은 이 모바일 폰으로 작동된다.

You should be careful and <u>agile</u> especially when you carry a <u>fragile</u> item.
다루기 어려운 상품을 운반할 때는 특히 주의하고 민첩해야 한다.

The <u>hostile</u> forces think that they need to occupy the <u>fertile</u> territory, or their actions will be <u>futile</u>.
적군은 그들이 비옥한 영토를 점령해야 한다고 생각한다. 그렇지 않으면 그들의 행동은 소용없어질 것이다.

난 여가 생활로 허브랑 토마토를 꽃병에 심어서 키우는 중이야.

I have ▮▮▮ raising some ▮▮▮ and ▮▮▮ in my ▮▮▮ in my ▮▮▮ time.

둘 중 아무 거나 괜찮아.

▮▮▮ one would be fine with me.

그래, 그건 내 사생활이니 내가 최선의 방법을 찾아볼게. 그런데 너 오늘 일정 확인해 봤어? 너 오늘 Office Depot에 가서 네 옷걸이 찾아와야 하잖아.

Yes, it's my ▮▮▮, so I will ▮▮▮ out the best way. By the way, did you see your ▮▮▮? I think you are supposed to visit ▮▮▮ ▮▮▮ to pick up your ▮▮▮ today.

또 잘 샀구나. 그 광고상품 가격이 아직도 유효하냐? 유효하지 않다면 그 상점에서 똑같은 프로모션을 얼마나 자주 하지?

You did it ▮▮▮. Is the ▮▮▮▮▮ price still valid? If not, how ▮▮▮ do they provide the same deal?

난 얼룩말 줄무늬 모양을 별로 안 좋아해. 그런데 얼룩말 스펠링이 z-e-b-r-a 맞나?

I don't like ▮▮▮ stripes. Is ▮▮▮ spelt ▮-e-b-r-a?

Can the ▮▮▮▮ and ▮▮▮▮▮ be planted in the ▮▮▮▮? I think using pots would be better for them.

> 허브랑 토마토가 꽃병에서 재배가 되냐? 내 생각에는 화분들을 쓰는 게 더 좋을 것 같은데.

But ▮▮▮▮ one is the best. I think planting in a garden is the best. It's your ▮▮▮▮, so you will ▮▮▮▮ it out.

> 그렇지만 둘 다 최선은 아니지. 그런 작물들은 정원에서 재배하는 게 최고지. 네 사생활이니 네가 알아서 적절한 방법을 찾아.

Oh, that's right. I need to go to ▮▮▮▮▮▮ for my ▮▮▮▮. I've got a real nice deal on the ▮▮▮▮▮▮▮▮▮ ▮▮▮.

> 아, 맞다. Office Depot가서 내 옷걸이 찾아야 하지. 이번에 한번 더 광고상품을 아주 저렴하게 구입했거든.

They don't ▮▮▮▮ provide this kind of deal. But you can buy a ▮▮▮▮ with ▮▮▮▮ stripes. That one has ▮▮▮▮ on sale.

> 그 상점이 이런 프로모션을 자주 하지는 않아. 하지만 얼룩말 줄무늬 모양 옷걸이는 살 수 있어. 그 제품은 아직 할인판매 중이거든.

Yes, ▮-e-b-r-a. That's right.

> 그래. z-e-b-r-a 맞아.

Z는 제트일까요?

mp3.37

아래의 단어들은 영국 영어와 미국 영어에서 알파벳 철자
는 동일하지만 발음이 다르기 때문에 전혀 다른 단어처럼
들리는 단어들입니다. 각 단어의 영국식 미국식 영어 발음
의 차이를 이해하고 연습해 보세요.

mp3.38

been	[bíːn]	[bɪn]
figure	[ˈfɪɡə(r)]	[ˈfɪɡjər]
*often	[ˈɒftən]	[ˈɔːfn]
advertisement	[ədˈvɜːtɪsmənt]	[ˌædvərˈtaizmənt]
herb	[hɜːb]	[ɜːrb]
schedule	[ˈʃedjuːl]	[ˈskedʒuːl]
hanger	[ˈhæŋɡə]	[ˈhæŋər]
zebra	[ˈzebrə]	[ˈziːbrə]
vase	[vɑːz]	[veɪs]
leisure	[ˈleʒə]	[ˈliːʒər]
again	[əˈɡeɪn]	[əˈɡen]
Z	[zed]	[ziː]
*either	[ˈaɪðə]	[ˈiːðər]
*neither	[ˈnaɪðə]	[ˈniːðər]
tomato	[təˈmɑːtəʊ]	[təˈmeɪtoʊ]
depot	[ˈdepəʊ]	[ˈdiːpoʊ]
against	[əˈɡeɪnst]	[əˈɡenst]
privacy	[ˈprɪvəsi]	[ˈpraɪvəsi]

* often의 경우 미국 일부 지역에서는 중간에 t를 발음하여 ['ɔːftn]처럼 발음하기도 합니다.

* either, neither의 경우는 영국인이 ['iːðə], ['niːðə]로 발음하거나 미국인이 ['aɪðər], ['naɪðər]처럼 발음하기도 하는 등 다양한 방식으로 발음합니다.

난 여가 생활로 허브랑
토마토를 꽃병에 심어서
키우는 중이야.

I have **been** raising some **herbs** and **tomatoes** in my **vases** in my **leisure** time.

둘 중 아무 거나 괜찮아.

Either one would be fine with me.

그래, 그건 내 사생
활이니 내가 최선의
방법을 찾아볼게.
그런데 너 오늘 일정
확인해 봤어? 너 오늘
Office Depot에 가서
네 옷걸이 찾아와야
하잖아.

Yes, it's my **privacy**, so I will **figure** out the best way. By the way, did you see your **schedule**? I think you are supposed to visit **Office Depot** to pick up your **hanger** today.

또 잘 샀구나. 그 광고상품
가격이 아직도 유효하냐?
유효하지 않다면 그
상점에서 똑같은
프로모션을 얼마나 자주
하지?

You did it **again**. Is the **advertisement** price still valid? If not, how **often** do they provide the same deal?

난 얼룩말 줄무늬 모양을
별로 안 좋아해. 그런데
얼룩말 스펠링이 z-e-b-
r-a 맞나?

I don't like **zebra** stripes. Is **zebra** spelt **z**-e-b-r-a?

Can the herbs **and** tomatoes **be planted in the** vases**? I think using pots would be better for them.**

허브랑 토마토가 꽃병에서 재배가 되냐? 내 생각에는 화분들을 쓰는 게 더 좋을 것 같은데.

But neither **one is the best. I think planting in a** garden **is the best. It's your** privacy**, so you will** figure **it out.**

그렇지만 둘 다 최선은 아니지. 그런 작물들은 정원에서 재배하는 게 최고지. 네 사생활이니 네가 알아서 적절한 방법을 찾아.

Oh, that's right. I need to go to Office Depot **for my** hanger**. I've got a real nice deal on the** advertisement again**.**

아, 맞다. Office Depot가서 내 옷걸이 찾아야 하지. 이번에 한번 더 광고상품을 아주 저렴하게 구입했거든.

They don't often **provide this kind of deal. But you can buy a** hanger **with** zebra **stripes. That one has** been **on sale.**

그 상점이 이런 프로모션을 자주 하지는 않아. 하지만 얼룩말 줄무늬 모양 옷걸이는 살 수 있어. 그 제품은 아직 할인판매 중이거든.

Yes, z**-e-b-r-a. That's right.**

그래. z-e-b-r-a 맞아.

Dictation Practice

mp3.39.1
미국 성우

You can choose both _____, ____ _____ or _____
_____.

넌 행거 두 개 다 선택해도 되고, 그 중 하나만 선택해
도 되고, 둘 다 선택하지 않아도 돼.

I have ____ raising ____ and _____ in these ____ for
_____.

나는 취미로 이 화병에서 허브랑 토마토를 키우고 있어.

This ____ _____ company seems to be _____ a
_____ law ____.

XYZ 광고 회사는 개인 정보 보호법에 위반되는 것 같
은데.

We need to _____ out when we can _____ to move
our _____ from our _____ to the zoo.

우리는 언제 얼룩말을 창고에서 동물원으로 이동시킬
지 알아야 해.

mp3.39.2
영국 성우

You can choose both <u>hangers</u>, <u>either</u> <u>hanger</u> or <u>neither</u> <u>hanger</u>.
넌 행거 두 개 다 선택해도 되고, 그 중 하나만 선택해도 되고, 둘 다 선택하지 않아도 돼.

I have <u>been</u> raising <u>herb</u> and <u>tomatoes</u> in these <u>vases</u> for <u>leisure</u>.
나는 취미로 이 화병에서 허브랑 토마토를 키우고 있어.

This <u>XYZ</u> <u>advertisement</u> company seems to be <u>against</u> a <u>privacy</u> law <u>again</u>.
XYZ 광고 회사는 개인 정보 보호법에 위반되는 것 같은데.

We need to <u>figure</u> out when we can <u>schedule</u> to move our <u>zebras</u> from our <u>depot</u> to the zoo.
우리는 언제 얼룩말을 창고에서 동물원으로 이동시킬지 알아야 해.

네 약혼녀, 발레리나로
데뷔하는 첫 번째 무대는
성공적이었어. 그리고
베레모와 드레스는 아주
독특해 보이더라.

Your ▮▮▮ **first** ▮▮▮
as a ▮▮▮ **player was
successful and her dress
with a** ▮▮▮ **was very
unique.**

조언 잘 했네, 친구.
그래서 우리 오늘 저녁은
네 약혼녀와 이 카페에서
같이 먹는 거야?

**That was good advice,
mate. So are we having
dinner with your** ▮▮▮ **at
this** ▮▮▮**?**

그래. 뷔페 식당이
가깝긴 하지만 그냥
내 차로 가자. 차에 타.
뷔페 식당이 란제리샵
건너편 마사지 센터
옆에 있다고 그런 거지?

Okay. The ▮▮▮ **restaurant
is very close, but let's go
there in my car. You said the**
▮▮▮ **restaurant is across
the** ▮▮▮ **shop and next to
the** ▮▮▮ **centre?**

mp3.40

Yeah, before her ▢▢▢▢▢, I had never seen my ▢▢▢▢▢ ▢▢▢▢ performance. You know? I recommended she wear the ▢▢▢▢.

그래, 이번 데뷔 전에 나 역시 여자친구가 발레 연기하는 거 한 번도 못 봤었다. 그거 아냐? 베레모 써보라고 내가 추천한 거야.

No, not at this ▢▢▢ but in a famous ▢▢▢▢ restaurant near here. It is right across from the ▢▢▢▢ shop and next to the ▢▢▢▢ center. My ▢▢▢▢ is already there.

아니야, 이 카페기 아니고 이 근처 유명한 뷔페 식당에서 먹으려고. 식당이 저기 란제리 매장 건너편에 마사지 센터 옆에 있거든. 여자친구는 거기 이미 가 있어.

Yeah, can you see the ▢▢▢▢▢ shop and the ▢▢▢▢▢▢ center? There is the ▢▢▢▢ restaurant. Park your car in the ▢▢▢▢▢ there.

그래, 란제리 샵이랑 마사지 센터가 보이지? 그 쪽에 뷔페 식당이 있잖아. 네 차를 거기 차고에 주차해.

buffet는 부페일까요?

저런, 차고 벽을 들이 받았네. 차고 안에 있는 화장실이었잖아. 변기랑 비데가 부서졌네. 나가서 부서진 조각들을 치워야겠다.

Oh, Jesus. I've just hit the wall of the ▮▮▮▮. There was a loo in the ▮▮▮▮. A toilet and a ▮▮▮ are broken. Let me get out and clean up the ▮▮▮.

그러게나 말이야. 발레파킹할걸. 아야! 유리조각에 찔렸네. 당장 병원에 가야겠어.

Yeah, I should have used the ▮▮▮ parking. Ouch! A piece of glass ▮▮▮ got into my skin. I need to go to a hospital right away.

Let me help you clean up the ▮▮▮ from the broken toilet and ▮▮▮. We could have used a ▮▮▮ parking service here.

내가 부서진 변기랑 비데 조각들 치우는 거 도와줄게. 여긴 발레파킹 서비스 이용할 수 있었는데.

Are you alright? Go get some treatment in a hospital nearby. I will clean up all of the ▮▮▮.

괜찮아? 근처 병원에서 치료 좀 받고 와. 내가 쓰레기는 다 청소할게.

다음 단어들은 특이하게도 영국 영어와 미국 영어의 강세가 정반대인 단어들입니다. 이러한 단어는 대부분 프랑스어에서 유래된 단어들로 미국 영어에서는 강세를 뒤쪽 음절에 주는 프랑스어 고유의 패턴을 반영하여 강세가 뒤에 있지만, 영국 영어에서는 2음절 명사는 대부분 강세를 앞쪽에 주는 영어 자체의 패턴을 적용하여 강세가 앞쪽 음절에 있습니다.

다음 단어들을 들어보면서 강세의 차이를 이해하고 적용해서 연습해 보세요.

beret	[ˈbereɪ]	[bəˈreɪ]	**mp3.41**
ballet	[ˈbælɪt]	[bæˈleɪ]	
garage	[ˈgærɑːʒ]	[gəˈrɑːʒ]	
fiancé	[fiˈɒnseɪ]	[ˌfiːɑːnˈseɪ]	
buffet	[ˈbʊfeɪ]	[bəˈfeɪ]	
vaccine	[ˈvæksiːn]	[vækˈsiːn]	
debris	[ˈdebriː]	[dəˈbriː]	
bidet	[ˈbiːdeɪ]	[bɪˈdeɪ]	
lingerie	[ˈlænʒəri]	[ˌlɑːndʒəˈreɪ]	
debut	[ˈdeɪbjuː]	[deɪˈbjuː]	
valet	[ˈvæleɪ]	[væˈleɪ]	
massage	[ˈmæsɑːʒ]	[məˈsɑːʒ]	
café	[ˈkæfeɪ]	[kæˈfeɪ]	

네 약혼녀, 발레리나로
데뷔하는 첫 번째 무대는
성공적이었어. 그리고
베레모와 드레스는 아주
독특해 보이더라.

Your fiancé's first debut as a ballet player was successful and her dress with a beret was very unique.

조언 잘 했네, 친구.
그래서 우리 오늘 저녁은
네 약혼녀와 이 카페에서
같이 먹는 거야?

That was good advice, mate. So are we having dinner with your fiancé at this café?

그래. 뷔페 식당이
가깝긴 하지만 그냥
내 차로 가자. 차에 타.
뷔페 식당이 란제리샵
건너편 마사지 센터
옆에 있다고 그런 거지?

Okay. The buffet restaurant is very close, but let's go there in my car. You said the buffet restaurant is across the lingerie shop and next to the massage centre?

Yeah, before her **debut**, I had never seen my **fiancé's** **ballet** performance. You know? I recommended she wear the **beret**.

그래, 이번 데뷔 전에 나역시 여자친구가 발레 연기하는 거 한 번도 못 봤었다. 그거 아냐? 베래모 써보라고 내가 추천한 거야.

No, not at this **café** but in a famous **buffet** restaurant near here. It is right across from the **lingerie** shop and next to the **massage** center. My **fiancé** is already there.

아니야, 이 카페가 이니고 이 근처 유명한 뷔페 식당에서 먹으려고. 식당이 저기 란제리 매장 건너편에 마사지 센터 옆에 있거든. 여자친구는 거기 이미 가 있어.

Yeah, can you see the **lingerie** shop and the **massage** center? There is the **buffet** restaurant. Park your car in the **garage** there.

그래, 란제리 샵이랑 마사지 센터가 보이지? 그 쪽에 뷔페 식당이 있잖아. 네 차를 거기 차고에 주차해.

저런, 차고 벽을 들이
받았네. 차고 안에
있는 화장실이었잖아.
변기랑 비데가 부서졌네.
나가서 부서진 조각들을
치워야겠다.

Oh, Jesus. I've just hit the wall of the garage. There was a loo in the garage. A toilet and a bidet are broken. Let me get out and clean up the debris.

그러게나 말이야.
발레파킹할걸. 아야!
유리조각에 찔렸네. 당장
병원에 가야겠어.

Yeah, I should have used the valet parking. Ouch! A piece of glass debris got into my skin. I need to go to a hospital right away.

Let me help you clean up the debris from the broken toilet and bidet. We could have used a valet parking service here.

내가 부서진 변기랑 비데 조각들 치우는 거 도와줄게. 여긴 발레파킹 서비스 이용할 수 있었는데.

Are you alright? Go get some treatment in a hospital nearby. I will clean up all of the debris.

괜찮아? 근처 병원에서 치료 좀 받고 와. 내가 쓰레기는 다 청소할게.

Dictation Practice

mp3.42.1
미국 성우

I am supposed to meet my _____ at this _____ shop.
나는 이 마사지 샵에서 약혼녀를 만나기로 했다.

Park the car in the _____, and don't use the ____
parking service.
주차장에 차를 주차하고, 발레 파킹은 이용하지 마세요.

At the ___, the _____ players ate a _____ style lunch
with ___ ___ for a drink.
카페에서, 발레 무용수들은 음료수로 카페라떼를 곁들
여 뷔페 스타일의 점심을 먹었다.

After taking this _____, I do not worry about getting
infected from the dirty _____ from the broken ____.
이 백신 주사를 맞은 후에는, 깨진 비데 조각에서 나온
더러운 이물질에 감염되는 게 염려되지 않는다.

I am supposed to meet my <u>fiancé</u> at this <u>massage</u> shop.
나는 이 마사지 샵에서 약혼녀를 만나기로 했다.

Park the car in the <u>garage</u>, and don't use the <u>valet</u> parking service.
주차장에 차를 주차하고, 발레 파킹은 이용하지 마세요.

At the <u>café</u>, the <u>ballet</u> players ate a <u>buffet</u> style lunch with <u>café</u> <u>latte</u> for a drink.
카페에서, 발레 무용수들은 음료수로 카페라떼를 곁들여 뷔페 스타일의 점심을 먹었다.

After taking this <u>vaccine</u>, I do not worry about getting infected from the dirty <u>debris</u> from the broken <u>bidet</u>.
이 백신 주사를 맞은 후에는, 깨진 비데 조각에서 나온 더러운 이물질에 감염되는 게 염려되지 않는다.

내 생각엔 그 프로그램의
해설자가 다른 나라에서
이민온 것 같아.

I think the ▮▮▮▮ of the program has ▮▮▮▮ from another country.

액센트가 일반적이지
않아서 말을 받아 적을
수가 없었어. 그 해설자
표준어 연습 좀 해야 할 것
같던데.

His accent is not ▮▮▮▮, so it was hard to ▮▮ his speech. It's ▮▮▮▮ for him to practise our standard language.

방금 그 해설자 정보를
확인했어. 그 사람 고향은
중국인데 모국어는
일본어고 제 2외국어가
중국어라네.

I've got the ▮▮▮▮ information. His hometown is ▮▮▮▮ in a Chinese ▮▮▮▮ but his language is Japanese and ▮▮▮▮ is Chinese.

왜냐하면 그의 부모님이
일본인이라서 그래.
그분들이 임시직으로
중국의 한 국립 도서관에서
사전 편찬자로 자원해서
일하셨다네.

That's because his parents are Japanese. They ▮▮▮▮ did ▮▮▮▮ work in a public ▮▮▮▮ in China as ▮▮▮▮ editors.

mp3.43

That's right. He doesn't sound like a native _____. He may have _____ to our country recently.

맞아. 여기 출신 해설자 같지 않더라. 아마도 최근에 우리나라로 이민해 온 것 같아.

I tried to _____ his narration too, but it was _____. It is _____ for the operation team to _____ his speech into _____ expressions.

나도 그 해설자 말을 받아 적으려 했는데 아주 절망적이더라. 운영팀에서 그 해설자 말한 걸 일반적인 표현으로 번역을 해야 할 것 같아.

That's why he has an accent. I wonder why his _____ language is Japanese though his hometown is _____ in a Chinese _____.

그래서 그의 말에 액센트가 있는 거구나. 그의 고향이 중국인데 어떻게 모국어는 일본어인지가 궁금하네.

I see. His parents worked as _____ editors in a _____ in China. He might be a _____ or just wanted to _____ his voice to this program.

그렇구나. 그의 부모님이 중국의 한 도서관에서 사전 편찬자로 일하셨구나. 그 사람은 아마도 임시 해설가이거나 프로그램에 그의 목소리를 재능 기부한 게 아닐까 싶네.

단어의 마지막이 -ate로 끝나는 아래의 동사들은 영국 영
어에서는 강세가 뒤쪽에 있지만 미국 영어에는 강세가 앞
쪽에 있으니 읽을 때 주의해야 합니다.

mp3.44

dictate	[dɪkˈteɪt]	[ˈdɪkteɪt]
migrate	[maɪˈgreɪt]	[ˈmaɪgreɪt]
hydrate	[haɪˈdreɪt]	[ˈhaɪdreɪt]
translate	[trænsˈleɪt]	[ˈtrænzleɪt]
frustrate	[frəˈstreɪt]	[ˈfrʌstreɪt]
donate	[dəʊˈneɪt]	[ˈdoʊneɪt]
narrate	[nəˈreɪt]	[ˈnæreɪt]
locate	[ləʊˈkeɪt]	[ˈloʊkeɪt]
vibrate	[vaɪˈbreɪt]	[ˈvaɪbreɪt]
rotate	[rəʊˈteɪt]	[ˈroʊteɪt]

단어의 마지막이 'ary', 'ery', 또는 'ory' 등으로 끝날 때는 영국 영어는 모음이 약화되어 발음되지만 미국 영어에서는 상대적으로 정확하게 발음이 됩니다. 아래의 단어들에 영국식과 미국식 영어 발음의 차이를 들어보세요.

ordinary	[ˈɔːrdnri]	[ˈɔːrdneri]	mp3.45
necessary	[ˈnesəsri]	[ˈnesəseri]	
territory	[ˈterətri]	[ˈterətɔːri]	
primary	[ˈprɪmri]	[ˈprɪmeri]	
secondary	[ˈsekəndri]	[ˈˈsekənderi]	
temporary	[ˈtemprəri]	[ˈtempreri]	
voluntary	[ˈvɒləntri]	[ˈvɑːlənteri]	
library	[ˈlaɪbrəri]	[ˈlaɪbreri]	
dictionary	[ˈdɪkʃənəri]	[ˈdɪkʃəneri]	
category	[ˈkætəgəri]	[ˈkætəgɔːri]	

내 생각엔 그 프로그램의
해설자가 다른 나라에서
이민온 것 같아.

I think the narrator of the program has migrated from another country.

액센트가 일반적이지
않아서 말을 받아 적을
수가 없었어. 그 해설자
표준어 연습 좀 해야 할 것
같던데.

His accent is not ordinary, so it was hard to dictate his speech. It's necessary for him to practise our standard language.

방금 그 해설자 정보를
확인했어. 그 사람 고향은
중국인데 모국어는
일본어고 제 2외국어가
중국어라네.

I've got the narrator's information. His hometown is located in a Chinese territory but his primary language is Japanese and secondary is Chinese.

왜냐하면 그의 부모님이
일본인이라서 그래.
그분들이 임시직으로
중국의 한 국립
도서관에서 사전
편찬자로 자원해서
일하셨다네.

That's because his parents are Japanese. They temporarily did voluntary work in a public library in China as dictionary editors.

That's right. He doesn't sound like a native narrator. He may have migrated to our country recently.

맞아. 여기 출신 해설자 같지 않더라. 아마도 최근에 우리나라로 이민해 온 것 같아.

I tried to dictate his narration too, but it was frustrating. It is necessary for the operation team to translate his speech into ordinary expressions.

나도 그 해설자 말을 받아 적으려 했는데 아주 절망적이더라. 운영팀에서 그 해설자 말한 걸 일반적인 표현으로 번역을 해야 할 것 같아.

That's why he has an accent. I wonder why his primary language is Japanese though his hometown is located in a Chinese territory.

그래서 그의 말에 액센트가 있는 거구나. 그의 고향이 중국인데 어떻게 모국어는 일본어인지가 궁금하네.

I see. His parents worked as dictionary editors in a library in China. He might be a temporary narrator or just wanted to donate his voice to this program.

그렇구나. 그의 부모님이 중국의 한 도서관에서 사전 편찬자로 일하셨구나. 그 사람은 아마도 임시 해설가이거나 프로그램에 그의 목소리를 재능 기부한 게 아닐까 싶네.

Dictation Practice

mp3.46.1
미국 성우

It is _____ to _____ keep quiet in the _____.
도서관에서는 자발적으로 정숙하는 것이 중요하다.

If you _____ some money to the _____, they will not be _____.
번역가에게 돈을 기부하면 그들은 절망하지 않을 거야.

When you _____ and _____ your facial skin with this massager, they will enhance your skin _____.
이 마사지 기계로 얼굴 피부에 수분을 공급하고 마사지를 하면 일시적으로라도 피부가 좋아지지.

If you _____ to another county, you need to take a _____ to _____ the country's native language into your language.
다른 나라로 이민을 가려면 그 나라 언어를 모국어로 번역한 사전을 갖고 가야 할 거야.

mp3.46.2
영국 성우

It is <u>necessary</u> to <u>voluntarily</u> keep quiet in the <u>library</u>.
도서관에서는 자발적으로 정숙하는 것이 중요하다.

If you <u>donate</u> some money to the <u>translators</u>, they will not be <u>frustrated</u>.
번역가에게 돈을 기부하면 그들은 절망하지 않을 거야.

When you <u>hydrate</u> and <u>vibrate</u> your facial skin with this massager, they will enhance your skin <u>temporarily</u>.
이 마사지 기계로 얼굴 피부에 수분을 공급하고 마사지를 하면 일시적으로라도 피부가 좋아지지.

If you <u>migrate</u> to another county, you need to take a <u>dictionary</u> to <u>translate</u> the country's native language into your language.
다른 나라로 이민을 가려면 그 나라 언어를 모국어로 번역한 사전을 갖고 가야 할 거야.

영국 영어 vs. 미국 영어: 어휘와 표현의 차이

영국 영어와 미국 영어 표현의 차이점

영국 영어와 미국 영어는 영어 발음뿐만 아니라 사용하는 표현들에 있어서도 많은 차이가 있습니다.

예를 들면 러닝셔츠는 영국에서는 vest라고 하지만 미국에서는 undershirt라고 합니다. 미국 영어에서 vest는 러닝셔츠가 아닌 조끼를 의미하죠. 미국 영어의 pants는 바지를 의미하지만 영국에서 바지는 trousers라고 하며 pants는 속옷 팬티를 의미합니다.

멋진 조끼와 정장 바지를 입은 영국인에게 미국인이 I like your vest and pants. 라고 한다면 의도하던 뜻은 '너의 조끼와 바지가 멋진 걸.' 이지만 상대방은 '네 러닝셔츠와 팬티가 멋진 걸.'로 오해하여 알아들을 수 있습니다.

지금부터는 이러한 영국 영어와 미국 영어에서 다르게 사용되고 있는 단어들을 각 주제 및 상황별 대화로 확인해 보고 각 표현들의 차이점을 확인해 보겠습니다.

Bli

Look at tha

That is

Oh,

That *man*

But I

my own a

ey.

t *mansion* .

huge.

ear!

ion is big.

prefer

partment.

맙소사! 저 저택 봐. 엄청
크다.

맙소사! . Look at that
저택 . That is huge.

하지만 네 아파트는 겨우
2층집이고 화장실도 하나
밖에 없잖아. 안 그래?

But your 아파트 has only
one floor and one 화장실 ,
doesn't it?

너네 아파트는 2층짜리
인 줄 알았는데.

I thought your 아파트 was
only one floor.

아, 내 생각엔 우리가 서로
오해한 것 같아. 내 말은
너희 집이 사실상 2층으로
되어 있다는 거야. 1층하고
2층으로.

Oh, I think we have
misunderstood each other.
I meant your house actually
has two floors. A 1층
and a first floor.

난 미국인들이
엘리베이터도 다른
방식으로 부른다고
들었어.

I think I've heard you
call the 엘리베이터 something
different, too.

Oh, dear! That 〔저택〕_____ is big. But I prefer my own 〔아파트〕_____.

와! 저택이 진짜 크네. 하지만 난 내가 사는 아파트가 더 좋아.

What's the matter with you? Who cares about the number of 〔화장실〕_____? By the way, my 〔아파트〕_____ has two floors.

그게 뭐 어때서? 화장실 수가 뭐가 중요하다고? 게다가 내 아파트는 2층짜리 집이야.

Are you kidding? You've visited my 〔아파트〕_____ and had tea with my younger sister on the 〔2층〕_____, idiot.

장난하냐? 너 내 아파트에 와서 2층에서 내 여동생이랑 차도 마셨잖아. 이 바보야.

Now I understand. In America, the _____ is the 〔1층〕_____ and the first floor in the U.K. is the same as the 〔2층〕_____ here.

이제 이해가 가네. 우리는 ground floor가 1층이고 영국에서 first floor가 여기에서는 second floor이거든.

Yeah, we call it an 〔엘리베이터〕_____, not a lift.

맞아. 우리는 그걸 엘리베이터라고 해, 리프트가 아니라.

mp3.47

Blimey vs. Oh, dear

Blimey [ˈblaɪmi]는 맙소사, 어렵쇼, 어이쿠 등의 놀라움을 표현하는 영국에서 많이 쓰는 감탄사입니다. 미국인에게는 익숙하지 않은 표현이라서 미국에서 blimey라고 한다면 영국인인 줄 알 것입니다. 미국에서는 비슷한 상황에서 oh, dear나 wow 같은 표현을 쓰고 이러한 표현들은 영국인들도 많이 쓰는 표현입니다.

Are you alright? /Alright?

영국에서 아침에 등교를 하면 아이들은 담임선생님이 교실 문을 열어줄 때까지 줄을 서서 기다립니다. 그러면 한두 명씩 친구들이 모이면서 아침 인사를 하는데, 우리가 일반적으로 알고 있는 Good Morning?이나 How is it going?이 아니라 Are you alright? 내지는 Alright? 이라고 합니다.

직역하면 '너 괜찮니?', '괜찮아?' 정도의 표현인데 별 탈 없이 지냈는지 정도를 물어보는 것입니다. 따라서 이를 이상하게 여기고 '내가 괜찮은지, 안 괜찮은지는 왜 물어보지?' 또는 '내가 모르는 무슨 일이 있었나?'라고 생각하지 않아도 됩니다. 단순히 친구끼리 일상적으로 하는 인사입니다. 영국에서는 아침, 점심, 저녁 가리지

않고 맨날 Alright?이라고 묻습니다. 친구건, 가게 점원
이건, 미용사건, 선생이건 상관없이 모두 Alright? 이라
고 묻습니다. 영국인끼리는 Hello보다도 많이 사용하는
표현입니다.

Man vs. Mate

mate라는 표현은 사전적으로는 친구를 의미합니다. 하
지만 실전에서 사용할 때에는 오히려 미국 영어의 man
과 같은 의미를 가지고 있습니다. Man? 남자를 의미하
는 건가? 하고 생각할 수 있겠지만 man이라는 말도 일
종의 감탄사로 쓰일 때가 많습니다. 예를 들어 어떤 문
제가 너무 어려울 때 미국인들은 다음과 같이 말할 수
있습니다. Man! It's so difficult! 이를 직역하면 당연히
'남자야! 이거 너무 어렵다!' 라고 해석할 수 있지만 실
제로 사용할 때에는 '아이고, 이거 너무 어렵다!' 정도의
의미입니다. 하지만 영국에서는 다음과 같이 표현합니
다. It's bloody hard, mate! 직역하면 '이건 피나도록 어렵
다, 친구야.' 정도가 되겠죠. 하지만 실제 의미는 bloody가
'매우'라는 의미를 가지고 있는 비속어라는 것을 감안하
면 '아이고, 이거 정말 어렵다!' 정도의 의미입니다. 즉, 앞
의 두 문장에서 사용한 man과 mate는 어느 누군가를 지

칭하는 표현이 아니라 일종의 감탄사와 마찬가지입니다. 여러분들도 깜짝 놀라는 경우에 다음과 같은 말을 사용하죠. '옴마야!' 이런 표현이 진짜로 엄마를 부른 것은 아닐 테니까요.

Flat vs. Apartment

영국과 미국은 거주지에 대한 표현에서 여러 차이점을 보입니다.

영국은 아파트를 flat이라고 부르는데 아파트에 '납작한'이라는 표현을 쓰는 것 자체가 잘 어울리지 않아 보입니다. 사실 flat은 납작하여 낮다는 점을 표현하고자 하는 것이 아니라 네모진 정갈한 모습을 납작하다고 보아 유래한 어휘입니다. 미국에서는 우리에게 더 친숙한 apartment라는 표현을 사용합니다. 그렇다고 영국에서 절대로 apartment라는 말을 쓰지 않는 것은 아닙니다. 하지만 영국에서 apartment라고 하면 그것은 flat 중에서도 휴가 때 방문하는 비교적 고급스러운 거주지 즉, 우리나라의 '콘도'와 비슷한 뜻으로 쓰이는 것이죠.

Mansion vs. Villa

영국과 미국 모두 mansion과 villa라는 단어는 대저택을 의미합니다. 하지만 우리나라에서는 연립주택을 의미하기 때문에 잘못 이해하면 외국인과 대화를 할 때 큰 오해를 살 수 있습니다.

　　영국인: I have a mansion in London.
　　미국인: I have a villa in New York.
　한국인: (아, 둘 다 연립주택에서 사는구나.)

Toilet, Loo vs. Restroom, Bathroom

잘 아시는 것처럼 미국에서는 화장실을 말할 때 bathroom이란 표현을 선호하고 영국에서는 toilet을 선호합니다. toilet이라는 어휘만 놓고 본다면 변기라는 의미도 가지고 있습니다. 그래서 영국에서는 '화장실'이라는 의미를 가지고 있는 toilet이 미국에서는 변기를 의미하죠. 그래서 미국에서 화장실에 가고 싶을 때 I need to go to the toilet. 이라고 하면 미국인은 무슨 말인지 이해는 하지만 마치 '변기에 좀 가야겠어.'라는 느낌으로 들립니다. 영국에서 화장실은 toilet 뿐만 아니라 loo라는 속어 표현도 많이 씁니다. 미국의 화장실은 rest(휴식하는) room, 내지는 bath(목욕하는) room의 의미를 가지고 있다는 점에서 화장실을 휴식하고 쉬는 곳으로 생각한다고 볼 수 있습니다. 반면에

영국에서는 '변기'라는 단어를 가지고 화장실을 표현한다
는 점에서 화장실은 단순히 '용변을 보는 곳'이라고 생각한
다는 점을 엿볼 수 있습니다. 흥미로운 점은 화장실을 표
현하는 데 있어서 영국은 비교적 '직관적인 의미'를 가지고
있지만 미국은 본래 기능에서 나아가 '활용성'에 집중하고
있다는 점이 차이점이라 할 수 있습니다.

　화장실에 있는 두루마리 휴지는 toilet paper입니다. 일
반적으로 영국인과 미국인 모두 우리와 마찬가지로 냅킨
(napkin)을 사용합니다. 그들에게 두루마리 휴지는 냅킨
의 목적이 아닌 화장실용이기 때문에 두루마리 휴지로
입을 닦으라고 건네면 당혹스러워 할 수도 있습니다.

Ground Floor vs. First Floor

영국과 미국에서 건물의 층을 세는 방법은 차이가 있습니
다. 영국에서는 1층을 ground floor라고 부르고 2층을 first
floor라고 부릅니다. 영국이 유럽에 속하기 때문에 유럽 대
다수의 국가에서는 1층을 ground floor로 인식합니다. 하
지만 미국에서는 1층을 직관적으로 first floor라고 하다 보
니 영국인이 first floor에서 만나자고 하면 영국인은 2층에
서 미국인은 1층에서 기다리고 있을 수도 있습니다.

Lift vs. Elevator

우리나라에서 엘리베이터라고 부르는 기기를 영국에서는 lift라는 단어를 주로 사용하고 미국에서는 우리말 표기와 동일한 elevator라는 단어를 사용합니다. 두 단어의 의미를 파악해보면 약간 의아할 수 있는 것이 elevate(상승하다)라는 단어에서는 사람이 아래에서 위층으로 상승하는 느낌을 받을 수 있을 텐데 lift라는 말은 기본적으로 '들어올리다'라는 의미를 가지고 있기 때문에 사람이 타는 엘리베이터에 어울리지 않는다고 생각할 수 있습니다. 하지만 엘리베이터의 기본 형태는 높은 건물에서 물건 따위에 밧줄을 매달아 '들어 올리는' 행위에서 비롯되었기 때문에 본래의 의도를 부각시키는 영국 영어에서는 이를 lift라고 부르는 것입니다.

영국식 표현	한국어	미국식 표현
blimey	우와! (감탄사)	dear
flat	아파트	apartment
toilet, loo (비격식)	화장실	restroom, bathroom
ground floor	1층	first floor
first floor	2층	second floor
second floor	3층	third floor

맙소사! 저 저택 봐. 엄청 크다.

Blimey. Look at that mansion. That is huge.

하지만 네 아파트는 겨우 2층집이고 화장실도 하나 밖에 없잖아. 안 그래?

But your flat has only one floor and one toilet, doesn't it?

너네 아파트는 2층짜리 인 줄 알았는데.

I thought your flat was only one floor.

아, 내 생각엔 우리가 서로 오해한 것 같아. 내 말은 너희 집이 사실상 2층으로 되어있다는 거야. 1층하고 2층으로.

Oh, I think we have misunderstood each other. I meant your house actually has two floors. A ground floor and a first floor.

난 미국인들이 엘리베이터도 다른 방식으로 부른다고 들었어.

I think I've heard you call the lift something different, too.

Oh, dear! That mansion is big. But I prefer my own apartment.

와! 저택이 진짜 크네. 하지만 난 내가 사는 아파트가 더 좋아.

What's the matter with you? Who cares about the number of bathrooms? By the way, my apartment has two floors.

그게 뭐 어때서? 화장실 수가 뭐가 중요하다고? 게다가 내 아파트는 2층찌리 집이야.

Are you kidding? You've visited my apartment and had tea with my younger sister on the second floor, idiot.

장난하냐? 너 내 아파트에 와서 2층에서 내 여동생이랑 차도 마셨잖아. 이 바보야.

Now I understand. In America, the ground floor is the first floor and the first floor in the U.K. is the same as the second floor here.

이제 이해가 가네. 우리는 ground floor가 1층이고 영국의 first floor 가 여기에서는 second floor이거든.

Yeah, we call it an elevator, not a lift.

맞아. 우리는 그걸 엘리베이터라고 해, 리프트가 아니라.

영국과 미국 그리고
우리나라의 건물에 대한 오해와 진실

영국은 역사적으로 의미가 있는 아주 오래된 건물들이 많기 때문에 외국인들이 영국을 여행하게 되면 고풍스러운 건물에 많이들 놀라곤 합니다. 미국인들이 영국에 여행을 가면 항상 얘기하는 것 중 하나가 '고풍스러운 건물'들입니다. 미국은 신생국가이기 때문에 비교적 오래된 건물이 없지만 영국은 다르죠. 그렇다고 무조건 다 낡은 건물들을 끝까지 보존하는 것은 아니지만 영국의 건물들을 보면 옛 선조들의 건축 기법에 감탄하게 됩니다. 영국 여행을 하다가 건물에 Built in 789라고 적혀 있다고 하면 실수로 1이 지워진 것이 아닌 1,000년 이상의 역사를 지닌 건물인 것입니다.

우리나라에서는 다세대 주택의 경우에 세대수 및 층수를 기반으로 해서 연립주택과 아파트를 따로 구분합니다. 하지만 영국의 flat과 미국의 apartment는 이러한 구분 없이 둘 다 기본적으로 다세대 주택을 의미합니다. 앞에서 언급했던 것처럼 우리나라에서 연립주택을 의미하는 맨션(mansion)이나 빌라(villa)가 영국과 미국에서는 대저택을 의미하며 실제 영미사람들이 생각하는 연립주택의 개념은 flat, apartment라고 표현해도 무방하고 town house나 row house라고도 합니다.

　주택 임대방식의 하나인 전세라는 개념은 우리나라에서 만들어진 독특한 시스템으로 월세 임대 또는 자가 주택 매매의 개념뿐인 영미사람들에게는 매우 의아하고 이해하기 어려운 제도입니다. 실제로 한국의 전세 시스템을 이해하고 나면 영미인 모두 이자 없이 임대 기간 동안 목돈이 그대로 유지된다는 점에서 임차인에게 매우 유리한 계약이라고 생각하고 이러한 제도를 많이 부러워하기도 합니다.

　오피스텔(officetel)은 영어에는 없고 우리만 쓰는 콩글리시 표현으로 보통은 efficiency apartment라고 하거나 영국에서는 studio flat, 미국에서는 studio apartment라고 합니다.

　콘도(condominium)는 우리나라에서는 주로 휴양지에 있는 리조트 숙박시설을 일컫지만, 미국에서는 우리나라의 아파트를 의미합니다. 미국에서 우리나라의 콘도 개념을 말할 때는 Condominium hotel이라고 합니다.

A *jumper*, a
a *wais
a pair of

You got a
a *turtlenec
a pair of

polo neck,
coat,
trainers.

sweater,
a vest and
neakers?

내가 네 아이들 선물 뭐 사왔나 봐봐.

Look, what I've got for your kid's presents.

스웨터, 폴라티, 조끼, 운동화 한 켤레야.

A 스웨터 , a 폴라티 , a 조끼 , a pair of 운동화 .

그래, 지퍼가 특이하긴 해. 그런데 나 러닝셔츠 안 샀는데?

Yeah, this 지퍼 is unique. By the way, I didn't buy a 러닝셔츠 .

아, 나는 네가 러닝셔츠를 말하는지 알았어. 영국에서 러닝셔츠는 vest라고 하거든. 이것들 다 이 옷장에 넣으면 돼?

Oh, I thought you were talking about an 러닝셔츠 . In the UK a sleeveless undershirt is the same as vest. Can I just put these in this 옷장 ?

바지로 꽉 찼잖아!

But it's full of 바지 !

mp3.48

What are they?

뭔데?

You got a [스웨터], a [폴라티], a [조끼] and a pair of [운동화]? All of them look great, thank you! I like the [지퍼] on the [스웨터].

아, 스웨터랑 폴라티, 조끼, 운동화를 샀다고? 모두 다 괜찮은걸, 고마워. 스웨터에 있는 지퍼가 맘에 들어.

Yeah, you got a [조끼]. We call it a [조끼] in America.

맞아. 조끼 샀다면서. 미국에서는 조끼를 vest라고 하거든.

Sure! Please put them in this [옷장].

물론이지, 이 옷장에 집어넣어.

Oh, I'm sorry. That's for [바지]. Please put them in the next [옷장].

아, 미안. 그거 바지 옷장이다. 그다음 옷장에다가 넣어줘.

Trainers vs. Sneakers

영국에서 운동화는 운동 훈련을 할 때 신는 신발로 생각해서 trainers라고 하지만 미국에서는 sneakers라고 합니다. 그 이유는 1917년에 미국 광고 회사가 신발 바닥에 고무를 달아서 몰래 은밀히 침입(sneak in)할 수 있을 정도로 조용한 신발이라고 하여 sneakers라는 이름을 붙였고 현재에도 밑바닥이 납작하고 평평한 고무로 만들어진 운동화를 sneakers라고 합니다. 또한 다양한 종류의 기능성 운동화들은 sports shoes라고 합니다.

Jumper vs. Sweater

우리나라에서 사용하는 '잠바'라는 단어는 사실은 jumper를 한국식으로 읽는 방식에서 유래된 말이죠. 하지만 영국에서 쇼핑을 하며 jumper를 사고 싶다고 하면 점원이 잠바가 아닌 스웨터를 건네줄 것입니다. 애초에 jumper는 우리가 '스웨터'라는 말로 알고 있는 따뜻한 울옷감 재질의 상의를 의미하기 때문입니다. 반면에 미국에서 sweater라는 단어는 실제로 우리가 생각하는 그 '스웨터'를 의미합니다. 그렇다면 우리가 잠바라고 생각했던 그 옷은 어떻게 표현해야 할까요? jacket이라는 단어가 우리가 생각하는 상의에 걸쳐 입는 겉옷입니다. jacket보다

두꺼운 방수 재질에 내장재가 들어가 있는 재킷은 우리 말이나 영어나 동일하게 '파카' parka라고 합니다.

Polo neck vs. Turtleneck

여러분들은 '폴로'하면 무엇이 떠오르나요? 혹시 의류 브랜드 '폴로'에서 말을 탄 사람이 막대기를 들고 있는 모습이 떠오르나요? 만약 그렇다면 같은 옷에 대해서도 영국에서는 polo neck이라고 부르는 이유와 미국에서 turtleneck이라고 부르는 이유에 대해서 쉽게 이해할 수 있을 것입니다. polo라는 게임은 참가자들이 말을 타면서 공을 상대방 진영에 넣으면 승리하는 스포츠로 영국에서 유래한 게임입니다. 이 게임에서 선수들이 입었던 옷이 목을 가리고 있는 형태로 나타나면서 polo neck의 기본 형태가 생겨난 것이죠. 하지만 미국에서는 이와 같은 스포츠를 즐기지 않았기 때문에 역사적 배경보다는 그 옷이 가지고 있는 생김새에 치중하여 이를 turtleneck이라고 부르기 시작하였습니다. 마치 거북이가 목만 내밀고 있는 모습같이 좀 더 직관적으로 잘 어울리는 이름을 만든 것이죠.

Waist coat vs. Vest

영국에서는 조끼를 waist coat라고 부릅니다. 허리라는 의미의 waist라는 단어와 coat라는 단어를 함께 사용한 이 옷은 허리 부근에서 끝나기 때문에 허리 쪽까지 내려오는 코트라는 의미가 있습니다. 조끼는 셔츠같이 맨몸에 걸치는 것이 아니라 다른 옷을 입은 후에 겉에 '걸치는' 느낌으로 입었기 때문에 coat로 인식하였던 것에서 유래하게 되었습니다. 미국에서는 이를 vest라고 부릅니다. 미국에서 vest라고 부르는 것은 프랑스어의 'to clothe'(옷을 입다)의 의미를 가진 vestir라는 동사에서 유래한 말입니다. 프랑스와는 상관도 없어 보이는 감자튀김을 French fries라고 부르는 미국인들이 프랑스에 가지고 있는 호감을 엿볼 수도 있습니다. 물론 단어의 유래는 이와 상관없이 신대륙으로 넘어왔던 유럽 여러 나라들, 이 경우에는 프랑스 이민자들에게서 영향을 받은 단어인 것입니다.

Vest vs. Undershirt

vest가 조끼를 뜻하는 미국과 다르게 흥미롭게도 영국에서 vest는 러닝셔츠, 즉 속옷 상의를 의미합니다. 미국 영어에서 러닝셔츠는 undershirt라고 하니 주의해야 합니다. 미국에서 조끼를 의미하고 영국에서 상의 속옷을 의미하는 vest는 공통적으로 양팔을 넣을 수 있는 조끼 모양의 형태를 하고 있기 때문에 부르는 방식이 같은 것이죠. 일반적인 속옷을 통칭해서 말할 때는 영국과 미국 모두 underwear라고 합니다.

　우리나라에서 자주 사용하는 '내의'를 의미하는 메리야스나 난닝구라는 표현은 사실 영어 표현이 아닙니다. 메리야스는 스페인어인 medias에서 기원한 말로 원래의 뜻은 양말이었으나 신축성이 있는 소재의 옷을 의미하는 뜻으로 확장되어 오늘날 우리나라에서는 내의, 러닝 셔츠의 의미로 쓰입니다. 난닝구는 running shirts라는 말이 running으로 변화되어 일본어식으로 말하면 '라닝구'처럼 발음되었던 것이 우리말에서는 '난닝구'로 변화되어 유입된 잘못된 표현이니 주의하세요.

Trousers vs. Pants

영국에서 바지는 trousers라고 하지만 미국에서는 주로 pants가 바지를 의미합니다. 특히나 영국에서 조심해야 할 것이 영국 영어에서 pants는 바지가 아니라 하의 속옷 팬티를 의미합니다. 멋진 조끼와 바지를 입은 영국인에게 무턱대고 I like your vest and pants. (네 조끼와 바지가 멋진 걸.) 이라고 말하면 듣는 영국인은 의도했던 바와 다르게 '네 러닝셔츠와 팬티가 맘에 드는 걸.'로 알아듣고 몹시 당황해 할 것입니다.

미국인: I like your vest and pants.
(네 조끼와 바지가 멋진걸.)
영국인: Oh my God! You are such a pervert!
('네 러닝셔츠와 팬티가 맘에 들어.'로 알아듣고,
이런 변태 같으니라고!)
미국인: (어리둥절)
한국인: 도대체 왜 저러는 거죠?

Zip vs. Zipper

옷에 달린 지퍼를 영국에서는 zip 또는 zip fastener라고 하지만 미국에서는 우리가 알고 있는 zipper로 표현합니다. 미국 영어에서 zip은 또한 zip code라는 형태로 쓰여서 우편번호를 의미합니다. 한편 영국에서 우편번호는 postcode 또는 postal code라고 부르는 차이가 있으니 주의해야 합니다.

Wardrobe vs. Closet, Wardrobe

wardrobe는 영국과 미국에서 동시에 쓰이는 말로 주로 우리가 알고 있는 목재로 만든 의복과 간단한 침구류를 보관하는 '장롱'을 의미합니다. 하지만 '옷장' closet이라는 단어의 개념은 미국에서 주로 사용하는 단어로 벽걸이 옷장 또는 옷을 보관하는 방을 의미합니다. 많은 인구에 비해서 영토가 작아서 효율성 높은 작은 규모의 집이 많은 영국의 가정에서는 미국의 closet처럼 의복을 따로 보관하기 위한 방이 있는 것 자체가 익숙하지 않은 일입니다. 반면에 인구 대비 땅도 넓어서 크고 넓은 집을 선호하는 미국 가정에는 wardrobe 같은 장롱을 따로 설치하기보다는 오히려 옷을 따로 보관하는 closet 같은 공간이 있는 것이 일반적입니다.

| 내가 네 아이들 선물 뭐 사왔나 봐봐. | **Look, what I've got for your kid's presents.** |

| 스웨터, 폴라티, 조끼, 운동화 한 켤레야. | **A jumper, a polo neck, a waist coat, a pair of trainers.** |

| 그래, 지퍼가 특이하긴 해. 그런데 나 러닝셔츠 안 샀는데? | **Yeah, this zip is unique. By the way, I didn't buy a vest.** |

| 아, 나는 네가 러닝셔츠를 말하는지 알았어. 영국에서 러닝셔츠는 vest라고 하거든. 이것들 다 이 옷장에 넣으면 돼? | **Oh, I thought you were talking about an undershirt. In the UK a sleeveless undershirt is the same as vest. Can I just put these in this wardrobe?** |

| 바지로 꽉 찼잖아! | **But it's full of trousers!** |

What are they?

뭔데?

You got a sweater, a turtleneck, a vest and a pair of sneakers? All of them look great, thank you! I like the zipper on the sweater.

아, 스웨터랑 폴라티,
조끼, 운동화를 샀다고?
모두 다 괜찮은걸,
고마워. 스웨터에 있는
지퍼가 맘에 들어.

Yeah, you got a waist coat. We call it a vest in America.

맞아. 조끼 샀다면서.
미국에서는 조끼를
vest라고 하거든.

Sure! Please put them in this closet.

물론이지, 이 옷장에
집어넣어.

Oh, I'm sorry. That's for pants. Please put them in the next closet.

아, 미안. 그거 바지
옷장이다. 그다음
옷장에다가 넣어줘.

Isn't there
near th

stat

Maybe. I
my friend, J
in a *mov*
near this g

a *cinema*
s *petrol*
on?

emember
ohn worked
e *theater*
as *station.*

이 주유소 근처에 극장이 있지 않았냐?

Isn't here a [극장] near this [주유소]?

John? 그 친구는 네 집 근처 생선가게에서 일하고 있잖아?

John? Does he work at the [생선가게] near your house?

그 친구 자기가 좋아하는 일을 찾느라 열심인 것 같더니만.

He seems to work hard to find out what he likes.

바로 저기 있는 식료품점이 주류 상점보다 훨씬 저렴해. 철도를 지나면 주차장이 있을 테니 그리로 가자. 이쪽 갓길에다가 차를 주차해도 괜찮고.

The [식료품점] right there is much cheaper than the [주류 상점]. Drive across the [철도], and then there will be a [주차장]. You can park your car next to this [갓길] too.

mp3.49

Maybe. I remember my friend, John worked in a 극장 ▮▮▮ **near this** 주유소 ▮▮▮.

글쎄, 내 친구 John이 이 주유소 근처에 있던 극장에서 일했던 거 같은데.

John used to work at the 생선가게 ▮▮ **but now he is finding another job.**

그 친구가 생선가게에서 일하긴 했는데 지금은 그만 두고 다른 일을 찾고 있어.

He never stops looking for what he wants. By the way, how about picking up a bottle of wine in 주류 상점 ▮▮▮ **for the upcoming Christmas party?**

그 친구는 절대 자기가 원하는 일을 찾는 것을 멈추지 않아. 그런데 말이야, 주류 상점에서 다가오는 크리스마스 파티에 쓸 와인 한 병 골라가는 거 어때?

Oh, the 철도 ▮▮▮ **and** 갓길 ▮▮▮ **are right there. I will just park my car in the** 주차장 ▮▮▮ **of the** 식료품점 ▮▮▮.

어. 철도랑 갓길이 바로 저기 있네. 나 그냥 차를 이 식료품점 주차장에 댈게.

Cinema vs. Movie theater

영국인들은 영화관을 cinema라고 하지만 미국인들은 movie theater라고 하죠. 영화라는 표현도 영국인들은 주로 film이라는 말을 선호하는 반면에 미국에서는 movie라는 표현을 더 좋아합니다. 그렇기 때문에 영화 보러 가자는 말은 영국에서는 Let's go to the cinema. 라고 하지만 미국 영어에서는 Let's go to the movies. 라고 하니 상황에 맞게 잘 써야 합니다.

Petrol station vs. Gas station

주유소라는 말은 나라마다 다르게 부르기 때문에 헷갈릴 때가 많습니다. 영국에서는 주유소를 petrol station이라고 부르지만 미국에서는 gas station이라고 부릅니다. 특히 호주에서는 주유소를 servo라고 부르는데 기본적으로 주유소를 service station이라고 부르고 주유 서비스 외에도 다양한 편의 시설의 서비스를 이용할 수 있는 곳으로 생각하기 때문입니다. 영국과 미국이 주유소를 부르는 방식에 차이를 두는 것은 다른 단어들에 비해서 아주 작은 차이라고 볼 수 있습니다. 휘발유 자체를 영국에서는 petrol이라고 하고 미국에서는 gasoline이라고 하기 때문이죠.

그리고 gas station에서 사용하는 gas라는 말도 '기체'를 의미하는 gas가 아닌 gasoline station에서 사용하는 gasoline의 줄임말이기 때문에 단지 휘발유를 의미하는 다른 단어를 쓰는 것뿐입니다. 미국에서 주유소로는 네덜란드 기업인 Shell, 미국 기업인 Chevron이 가장 유명합니다. Shell이 여러 스토어랑 제휴를 통해 쇼핑 포인트와 기름값이 연계된다는 장점이 있다면 Chevron은 깔끔한 이미지로 사람들을 끌어들인다는 특징이 있습니다.

Fishmonger's vs. Fish Store
The Grocer's vs. The Grocery Store

이와 같이 영국에서는 어떤 상품을 '판매하는 사람의 집'을 나타내는 소유격 표현을 사용하여 명사's(직역하자면 '명사네')로 자주 표현을 합니다. 한국에서도 '김가네'와 같은 음식점 이름이 있는 것처럼 말이죠. 따라서 '생선'을 판매하는 생선 가게는 그 생선을 매다는(fish monger) 사람의 가게라는 의미에서 fishmonger's가 되는 것입니다. 식료품점을 의미하는 grocer's도 마찬가지이죠. grocer라는 단어의 의미가 '음식이나 집에서 사용하는 작은 물건을 판매하는 사람'이기 때문이죠. 반면 미국에서는 '판매 상품이 있는 상점'을 나타내는 표현을 사용하여 '명사 + store'(직역하자면 '명사 가게')로 자주 표현합니다. 따라서 영국과는 다르게 생선을 파는 상점이라는 의미에서 fish store, 식료품을 판매하는 가게라는 의미에서 grocery store라고 부르는 것입니다.

　약국과 빵집의 경우도 마찬가지입니다. 약국은 영국과 미국 모두 pharmacy라는 말을 사용하기도 합니다. 하지만 보통 영국에서는 chemist 약사 뒤에 's를 붙여서 chemist's(약사의 가게)라고도 적으며 빵집 역시 baker's (제빵사의 가게)처럼 표현되는 것이죠. 하지만 미국에서는 drugstore, bakery shop으로 표현합니다. 이러한 상점 표현의 차이는 영국과 미국의 표현 방식에 대한 문화의 차이가 확실하게 나타나는 부분입니다.

Off-License vs. Liquor Store

미국에서는 주류를 판매하는 곳을 liquor store라고 부르는데 영국에서는 off-licence라고 부릅니다. off-license 또한 사실 술을 판매하는 사람을 지칭하는 것인데 license, 즉 면허가 없는 사람이 술을 판매하고 있다는 말입니다. 무면허로 판매하니까 범죄자로 생각할 수도 있지만 그게 아닙니다. 영국에서 술장사를 하려면, 특히 가게 안에 앉아서 친구들과 웃고 떠들면서 술을 마실

수 있게 자리를 마련하기 위해서는 이에 필요한 license,
즉 면허가 필요합니다. 이를 on-license라고 부르는 것이
죠. 하지만 앉아서 마시지는 못하고, 즉 주류만 판매하
는 술 가게에서는 이와 같은 면허가 필요하지 않습니다.
그래서 off-license라고 하면 술을 매장 안에서 마시지는
못하고 술집보다 저렴한 가격으로 사 가지고 갈 수 있
는 판매상을 말하는 것입니다.

　흥미로운 부분은 미국의 경우에는 술의 알코올 도수
에 따라 세금을 부과하기 때문에 도수가 낮은 맥주는
매우 저렴합니다. 하지만 미국에서 우리나라 소주를 사
려면 소주의 도수가 꽤 높아서 세금이 많이 붙어 우리
나라에서 사는 것보다 최소 2~3배 높습니다.

Car Park vs. Parking lot

영국에서는 주차장을 car park라고 하지만 미국에서는
parking lot이라고 합니다. 주차장 중에서도 집 또는 공
항 등에 있는 차고 형태의 주차 공간을 영국과 미국 모
두 garage라고 하는데, 영국 영어에서는 강세가 앞에 있
어서 [ˈɡæraːʒ]라고 읽지만 미국 영어에서는 강세가 뒤에
있어서 [ɡəˈraːʒ]로 읽어야 합니다.

　영국과 미국 모두 도심지에 주차하려면 주차비가 비

싸 주차 공간 내 코인 미터기로 원하는 시간만큼 동전을 넣고 주차하는 경우가 많은데, 주차 시간이 끝날 때까지 차로 이동하지 않으면 곧바로 엄청난 과태료를 부과하거나 즉시 견인을 해가서 과태료에 견인 비용까지 물어야 하는 낭패를 볼 때가 많습니다. 또한 도심에 있는 주차 공간은 정해진 요일과 시간대에만 주차가 가능한 곳이 많아서 코인 주차기에 동전을 넣고 주차를 하더라도 규정에 맞지 않는 요일과 시간에 주차하면 바로 과태료 딱지가 붙을 수 있으니 신중하게 주차 가능 여부를 확인하고 주차해야 합니다.

Railway vs. Railroad
Pavement vs. Sidewalk

영국에서는 철도를 railway라고 하지만 미국에서는 우리에게 익숙한 railroad라고 합니다. 차도 옆에 사람이 지나다니는 인도를 말할 때 영국에서는 pavement라고 하지만 미국에서는 sidewalk라고 합니다. 호주와 뉴질랜드에서는 이러한 인도를 foot path라고 합니다.

이 주유소 근처에 극장이
있지 않았냐?

Isn't here a **cinema** near this **petrol station**?

John? 그 친구는 네 집
근처 생선가게에서 일하고
있잖아?

John? Does he work at the **fishmonger's** near your house?

그 친구 자기가 좋아하는
일을 찾느라 열심인 것
같더니만.

He seems to work hard to find out what he likes.

바로 저기 있는
식료품점이 주류
상점보다 훨씬 저렴해.
철도를 지나면 주차장이
있을 테니 그리로 가자.
이쪽 갓길에다가 차를
주차해도 괜찮고.

The **grocer's** right there is much cheaper than the **off-licence**. Drive across the **railway**, and then there will be a **car park**. You can park your car next to this **pavement** too.

Maybe. I remember my friend, John worked in a movie theater near this gas station.

글쎄, 내 친구 John이 이 주유소 근처에 있던 극장에서 일했던 거 같은데.

John used to work at the fish shop but now he is finding another job.

그 친구가 생선가게에서 일하긴 했는데 지금은 그만 두고 다른 일을 찾고 있어.

He never stops looking for what he wants. By the way, how about picking up a bottle of wine in the liquor store for the upcoming Christmas party?

그 친구는 절대 자기가 원하는 일을 찾는 것을 멈추지 않아. 그런데 말이야, 주류 상점에서 다가오는 크리스마스 파티에 쓸 와인 한 병 골라가는 거 어때?

Oh, the railroad and sidewalk are right there. I will just park my car in the parking lot of the grocery store.

어. 철도랑 갓길이 바로 저기 있네. 나 그냥 차를 이 식료품점 주차장에 댈게.

We have sc
We have c
and *la*

Oh, I wan
take-out o
cotton ca
lollipops f

me *sweets*.
ndyfloss
llies.

to have a
der for two
dies and
r my kids.

네, 손님.
주문하시겠어요?

**Okay, sir.
Are you ready to order?**

애피타이저로 옥수수
수프나 애호박 수프를
주문하시면 감자칩이랑
비스킷이 무료로
제공됩니다.

For 애피타이저 **, we can serve
some** 감자칩 **and** 비스킷
**for free if you order a soup
with** 옥수수 **or** 애호박 **.**

메인 요리는 어떻게
하실 건가요? 구운
가지를 곁들인 소고기
스테이크나 감자튀김을
곁들인 새우튀김 중에
고르실 수 있습니다.

**How about the main dish? You
can choose either a beef steak
with grilled** 가지 **or
fried** 새우 **with some** 감자튀김 **.**

알겠습니다. 디저트는
어떻게 해드릴까요?

**Okay. How about your
dessert, sir?**

네, 손님. 디저트로
사탕류도 가능합니다.
솜사탕이랑 막대사탕이
있어요.

Yes, sir. We have some
사탕류 **for dessert. We
have a** 솜사탕 **and** 막대사탕 **.**

솜사탕 두 개랑
막대사탕을 가져 가신
다고요. 계산서를 하나로
합쳐드릴까요, 각자
지불하시게 나누어서
드릴까요?

Okay. You want two
솜사탕 **and** 막대사탕
for 포장 **. Do you want
one** 계산서 **or separate** 계산서 **?**

Alright. What do you have for 애피타이저＿＿＿＿？

아, 네. 애피타이저로 뭐가 있나요?

That sounds great. I like 감자칩＿＿＿＿ and 쿠키＿＿＿, so I will have a bowl of 옥수수＿＿ soup.

좋은데요. 저는 감자칩과 쿠키를 좋아하거든요. 그러면 옥수수 수프 한 그릇 주문할게요.

I will have a steak with grilled 가지＿＿＿ and my wife will have the fried 새우＿＿ with 감자튀김＿＿＿.

전 구운 가지를 곁들인 소고기 스테이크로 해 주시고 아내는 감자튀김을 곁들인 새우튀김으로 해 주세요.

Two cups of coffee please. Also, do you have some 사탕＿＿＿ for dessert?

커피 두 잔 부탁해요. 그리고 후식으로 사탕도 되나요?

Oh, I want to have a 포장＿＿＿ order for two 솜사탕＿＿＿ and 막대사탕＿＿＿ for my kids.

애들에게 줄 솜사탕 두 개와 막대사탕을 가져갈 수 있도록 주문할게요.

Put every order onto one 계산서＿＿ please. Thank you.

하나로 해 주세요. 감사합니다.

mp3.50

Starter vs. Appetizer

본격적으로 식사를 시작하기 이전에 가볍게 입맛을 돋우는 음식을 영국에서는 starter, 미국에서는 appetizer라고 합니다. start한다는 것은 식사를 시작한다는 의미이기 때문에 직관적으로 그것이 어떠한 의미를 가지고 있는지를 알 수 있죠. appetizer에 들어 있는 appetite는 '식욕, 입맛'이라는 의미가 있습니다. 한국에서도 '애피타이저'라고 부르는 이 단어는 미국사람들에게는 의미가 매우 직관적으로 와 닿는 단어입니다.

Chips vs. French Fries

영국에서는 감자튀김을 chips라고 부르고 미국에서는 감자튀김을 French fries라고 부릅니다. French fries는 기본적으로 1600년대 후반에 호기심 많은 벨기에 사람들이 감자를 처음 튀겨봄으로써 만들어졌습니다. 벨기에 빈민가의 가난한 사람들이 강에서 물고기를 잡아서 먹곤 했는데 겨울에는 강물이 얼어버렸기 때문에 음식을 구할 수가 없어서 감자를 구해왔다고 합니다. 그런데 감자를 조리하는 방식이 흥미롭게도 물고기를 튀기는 방식과 같았기 때문에 fried, 즉 '튀긴' 감자를 처음 맛보게 되었다고 해요. 그러다가 세계 1차 대전 당시 미군이 벨기에에 잠시 머무는 동안 맛보게 되었고 당시 이 음식을 소개해준 벨기에 병사가 프랑스어를 구사했다는 이유로 그때부터 이 신기한 음식은 French fries라고 불리게 되었다고 합니다. 벨기에의 공용어는 독일어, 네덜란드어, 그리고 프랑스어인데 만일 당시 그 병사가 독일어를 구사했었다면 German fries라고 불렸겠죠. 어떤 현상이 문화로 자리잡는 데에 하나의 언어가 미치는 영향은 정말이지 예측하기 어려운 부분이 많습니다.

영국과 미국에서 다르게 표현하는 음식들

Chips와 French fries 외에도 영국과 미국에서 다르게 표현하는 음식들은 매우 많습니다.

먼저 감자칩은 영국에서는 crisps라고 하지만 미국에서는 potato chips 또는 chips라고 합니다. 우리가 흔히 먹는 비스킷, 쿠키, 크래커 등과 같이 오븐에 구운 과자들은 영국에서는 biscuit이란 단어를 선호하고 미국에서는 씹는 질감과 맛에 따라서 달콤하고 끈적한 씹는 느낌이 있는 cookie와 짭조름하고 바삭한 느낌이 있는 craker라는 단어를 선호합니다.

옥수수는 보통 영국과 미국 둘 다 corn이라는 단어를 쓰지만 영국에서는 maize라는 단어도 많이 쓰니 주의해야 합니다.

새우 역시 영국과 미국 둘 다 shrimp를 쓰지만 영국에서는 prawn으로 대체하여 쓰기도 합니다. prawn은 요즘에는 미국 식당의 메뉴판에도 shrimp를 대신해서 표기되어 있는 경우가 많으니 새우와 같다고 보시면 쉽게 이해가 되겠죠.

기다란 모양의 애호박의 일종인 주키니 호박은 미국에서는 zucchini라고 하지만 영국에서는 courgette라고 하는 전혀 다른 단어로 표현합니다. 가지 또한 미국에서는 eggplant이지만 영국은 aubergine이라고 합니다.

흥미롭게도 사탕을 보면 미국은 우리가 잘 알고 있는 candy이지만 영국에서는 sweets라는 표현을 선호하고 솜사탕의 경우도 미국은 우리가 잘 알고 있는 cotton candy로 쓰지만, 영국에서는 익숙지 않은 candyfloss라는 표현을 씁니다. 막대사탕의 경우도 미국은 lollipop이라고 하지만 영국에서는 줄여서 lolly라고 합니다.

Take-away vs. Take-out
Bill vs. Check

음식점에서 음식을 포장해 갈 때 우리나라에서는 테이크아웃이라고 표현합니다. 이는 미국 영어의 take-out에서 들어온 표현으로 영국에서는 take-away라는 표현을 선호합니다.

영수증의 경우에도 영국에서는 bill을 선호하지만 미국에서는 check라는 표현을 선호합니다. check는 영수증 외에도 수표라는 뜻이 있는데 이런 뜻으로 쓰일 때는 영국 엮어에서는 생김새가 바뀌어서 cheque가 되니 주의해야 합니다.

영국과 미국의 식생활 문화

영국과 미국의 음식 문화를 살펴보면 서로 유사한 부분
이 많이 있습니다. 먼저 영국과 미국 둘 다 감자, 빵, 소
고기를 매우 좋아합니다.

영국의 아침 식사는 매우 푸짐합니다. 주로 베이컨,
달걀, 소시지, 토스트, 볶은 버섯, 구운 토마토, 베이크
트 빈 같은 음식들로 알차게 구성되어 있고 주로 홍차
를 같이 마십니다. 그렇기 때문에 외국인들에게 English
Breakfast는 아침을 든든하게 채울 수 있는 푸짐한 요리
로 인식되고 있습니다.

미국의 아침 식사는 American full breakfast라고 하
여 영국과 유사한 형태로 푸짐한 편입니다. 주로 달걀,
소시지, 시리얼, 베이컨, 튀긴 감자요리에 토스트 혹은
팬케이크를 커피나 주스를 곁들여 먹습니다. 영국의 아
침 식사보다 채소류가 적다 보니 사과나 바나나 같은 과
일을 곁들여 먹기도 합니다.

하지만 이러한 푸짐한 미국식 아침 식사는 삶에 여유
가 있는 장년층 이상의 어르신들이 주로 애호하는 편이
며 대다수의 바쁜 미국인들은 continental breakfast라
고 하여 영국을 제외한 유럽 국가들이 아침 식사로 선
호하는 빵에 버터와 잼을 발라서 먹고 과일과 커피 또

는 주스를 곁들여 먹는 방식으로 가볍게 아침 식사를
더 많이 합니다.

영국과 미국 모두 맥도널드류의 패스트푸드가 많이
발달하여 점심은 샌드위치, 샐러드, 햄버거 등으로 가볍
게 먹는 것을 선호합니다. 영국과 미국 모두 저녁 식사
는 여유를 가지고 푸짐하게 먹는 편입니다.

영국 음식 문화의 가장 큰 특징 중 하나로 티타임 문
화를 들 수 있습니다. 영국인들은 주로 느지막한 오후
시간대에 하던 일을 잠시 멈추고 차를 마시는 시간을
갖기도 합니다. 요즘 들어서는 이러한 티타임 문화가 많
이 사라지기는 하였으나 여전히 많은 영국인들이 즐기
고 있는 독창적인 음식 문화라고 할 수 있습니다.

미국 음식 문화의 가장 큰 특징은 먼저 1인분의 음식
량이 엄청나다는 것입니다. 미국 식당에서 음식을 주문
하면, 1인분으로 두 명이 배부르게 먹을 수 있을 만큼
많은 양의 음식을 보고 놀라곤 합니다. 음료도 마찬가지
라 보통은 다 마시지 못하고 버릴 때도 많습니다.

미국 음식의 또 다른 특징은 다민족 다인종 국가인 만
큼 다양한 형태의 퓨전 요리가 많이 발달한 부분입니다.

일본의 초밥 문화가 미국 내에서 독창적으로 발달한
캘리포니아롤이나 이탈리안 피자가 미국화된 시카고 스

타일의 UNO 피자, 미국인의 입맛에 맞게 변형된 패스트푸드 형태의 다양한 중국요리들이 프랜차이즈 사업으로 진출하여 미국 어디든 이러한 퓨전요리를 쉽게 경험할 수 있습니다.

또한 미국 레스토랑의 경우에는 주문한 음식 값의 15% 안팎의 tip을 주는 것이 의무이지만, 영국 레스토랑의 경우에는 만족스런 서비스를 받았을 때 음식 값의 10% 안팎을 tip으로 내기도 하지만 이는 의무라기보다는 선택사항입니다.

마지막으로 미국과 영국은 식사 예절에서 포크와 나이프를 사용하는 방식에 차이가 있습니다. 영국에서는 항상 왼쪽 손에 포크를 들고 오른쪽 손으로는 나이프를 들고 있습니다. 그 이유는 고기를 항상 썰 준비가 되어 있어야 하기 때문이죠. 더불어 고기를 먹지 않을 경우에도 왼손의 포크로 집은 빵이나 고기에 소스를 올리거나 bean을 올리거나 할 경우에 오른손에 있는 나이프를 사용합니다. 그래서 영국인들은 오른손잡이라고 하더라도 왼손으로 음식 먹는 것을 능숙하게 하는 편입니다. 그러나 미국인들의 경우에는 오른손잡이의 경우 왼손을 사용하기보다 오른손으로 나이프와 포크를 교대로 사용하는 편입니다. 즉, 식사를 할 때 왼손, 오른손의 양

손 사용이 영국에서는 매우 보편적이고 일반적인 일이
지만 미국에서는 오른손에 국한되어 식사를 하는 문화
적인 차이가 있습니다.

영국을 대표하는 음식
Fish and Chips: 명태류의 생선살을 기름에 튀겨 감자튀김과 함께
담아낸 음식입니다.
Roast Beef: 소 안심을 통째로 오븐에 구워서 가족식사나 손님 접대
시에 많이 제공하는 음식입니다.
Yorkshire Pudding: 달걀과 밀가루에 우유를 섞어서 오븐에 익혀서
먹는 푸딩으로 주로 고기와 곁들여 먹습니다.

미국을 대표하는 음식
Hamburger: 1달러 수준의 맥도날드 햄버거부터 30달러 이상의
프리미엄 소고기 패티로 만든 고급 햄버거까지 다양한 종류의 햄버거를
즐길 수 있습니다.
Hotdog: 우리나라에서 많이 먹는 핫도그는 사실 미국에서는
Corndog라고 불리며 미국의 핫도그는 긴 빵을 반을 잘라서 그 안에
구운 소시지와 다진 피클과 겨자, 케첩을 곁들여 먹는 음식입니다.
Buffalo Wings: 닭날개를 튀긴 뒤 핫소스에 버무린 음식으로
대다수의 미국인들이 술을 마실 때 함께 먹는 요리입니다. 주로
샐러리와 블루치즈 소스와 함께 곁들여 먹습니다.

네, 손님.
주문하시겠어요?

**Okay, sir.
Are you ready to order?**

애피타이저로 옥수수
수프나 애호박 수프를
주문하시면 감자칩이랑
비스켓이 무료로
제공됩니다.

**For starters, we can serve
some crisps and biscuits
for free if you order a soup
with maize or courgette.**

메인 요리는 어떻게
하실 건가요? 구운
가지를 곁들인 소고기
스테이크나 감자튀김을
곁들인 새우튀김 중에
고르실 수 있습니다.

**How about the main dish? You
can choose either a beef steak
with grilled aubergine or
fried prawns with some chips.**

알겠습니다. 디저트는
어떻게 해드릴까요?

**Okay. How about your
dessert, sir?**

네, 손님. 디저트로
사탕류도 가능합니다.
솜사탕이랑 막대사탕이
있어요.

**Yes, sir. We have some
sweets for dessert. We have
a candyfloss and lollies.**

솜사탕 두 개랑
막대사탕을 가져 가신
다고요. 계산서를 하나로
합쳐드릴까요, 각자
지불하시게 나누어서
드릴까요?

**Okay. You want two
candyflosses and lollies
for take-away. Do you want
one bill or separate bills?**

Alright. What do you have for appetizers?	아 네. 애피타이저로 뭐가 있나요?
That sounds great. I like potato chips and cookies, so I will have a bowl of corn soup.	좋은데요. 저는 감자 칩과 쿠키들을 좋아하거든요. 그러면 옥수수 수프 한 그릇 주문할게요.
I will have a steak with grilled eggplant and my wife will have the fried shrimp with French fries.	전 구운 가지를 곁들인 소고기 스테이크로 해 주시고 아내는 감자튀김을 곁들인 새우튀김으로 해 주세요.
Two cups of coffee please. Also, do you have some candy for dessert?	커피 두 잔 부탁해요. 그리고 후식으로 사탕도 되나요?
Oh, I want to have a take-out order for two cotton candies and lollipops for my kids.	애들에게 줄 솜사탕 두 개와 막대사탕을 가져갈 수 있도록 주문할게요.
Put every order onto one check please. Thank you.	하나로 해 주세요. 감사합니다.

The Amer
game I
on *telly* too
inter

It was ac
rugb
American

can *rugby*

atched

ay was very

sting.

ually not

but

football.

오늘 TV에서 봤던
미국 럭비 게임이
흥미진진했어. 마지막
1분까지 무승부였는데,
기적이 일어났지.

The American 럭비 game
I watched on TV today
was very interesting. It
was a 무승부 game at the
end of the last minute, but
something happened.

아, 미국에서는 축구를
soccer라고 하지.
그러네. 왜 그 선수가
응급실로 가게 되었을까?

Oh, 축구 is 축구 in
your country. I see. Do you
know why the player was
sent to 응급실 ?

그 말은 그 선수가
수비라인에 서 있다가
무당벌레를 삼켰단
이야기군.

So he swallowed some
무당벌레 while he was
standing in a defence line.

다크초콜릿이 복통
원인이었을 수도 있겠군.

The 다크초콜릿
might have given him a
stomachache.

mp3.51

It was actually not rugby but American [미식축구]. I watched the game on [TV] too. It was almost a [무승부] game, but once a player was rushed to the [응급실] everything changed.

너 그거 아냐? 그 게임은 럭비가 아니고 미식축구야. 나도 그 경기 TV로 봤어. 거의 무승부 게임이었는데 한 선수가 응급실로 실려나가면서 모든 게 바뀌었지.

He had his mouth open, and accidentally ate some [무당벌레] while he was standing in the defense line.

그 선수가 수비라인에 서 있으면서 입을 벌리고 있다가 갑자기 무당벌레 몇 마리를 먹어버렸다네.

Yeah. But I think that is not the main reason. People said that he ate a piece of [다크초콜릿] during the half-time break and that might be the problem.

그래. 하지만 그게 진짜 문제는 아닌 것 같아. 사람들이 이야기하는데 전반전 끝나고 휴식시간에 다크 초콜릿 한 조각을 먹었는데 그게 문제가 아닌가 싶어.

Anyway, that accident got his team members fired up and they eventually won the game.

어쨌든 그 사건이 그 선수팀 동료들 전의를 활활 타오르게 했고 결국에는 경기를 이겼잖아.

Football vs. Soccer

영국에서 football은 우리가 알고 있는 축구를 지칭하지만 미국에서의 football은 우리가 알고 있는 축구가 아닙니다. American football을 줄여 쓰는 럭비와 유사한 미식축구를 의미합니다. 우리가 알고 있는 축구는 미국에서 soccer라고 합니다. 그런데 사실 football이라는 단어와 soccer라는 단어 사이에는 어떠한 공통점도 없습니다. football이라는 말은 본래 발로 공을 찬다는 의미가 있어서 우리가 가지고 있는 축구에 대한 이미지를 비교적 쉽게 유추할 수 있는데, soccer라는 말은 도대체 '발'과 관련된 말도 아니고 '공'과 관련된 말도 아닙니다. 이에 대한 가장 잘 알려진 설명은 기존에 여러 가지 football (미식축구, 럭비, 발로 하는 축구 등)의 종류들이 있었고 발로 공을 차는 축구를 association football이라고 불렀다고 합니다. 여기서 잠깐 알고 넘어가야 하는 부분이 영어권 청소년들이 가지고 있는 언어적 습성 중하나가 어떤 단어에 -er를 붙여서 줄여서 자신들의 '쿨한' 언어로 만들어버리는 것인데 어느 날부터 학생들이 이 association football을 assoccer로 줄여서 부르기 시작했다고 합니다. 그 당시 rugby를 rugger라고 부르던 것과 맞닿아 있는 셈이죠. 원래는 '어소시에이션'이라는 발음을 가진 association에서 assoccer로 변하다 보니 알파벳 'i'가 생략되어 더 이상 알파벳 c를 [s]발음으로 구사할 필요가 없어지면서 사람들은 이를 '어싸커'처럼 부르기 시작합니다. 그러던 중에 assoccer 앞부분의 a를 관사 a라고 착각하게 되면서 이 단어는 결국 soccer로 변하게 된 것이죠. 모르고 살아도 되었을 배경지식이지만 알면 유익한 정보입니다.

Telly vs. TV

television은 영국과 미국에서 둘 다 많이 쓰이는 TV수신기를 말합니다. 영국에서는 TV를 일컫는 비격식 표현으로 telly라는 말도 많이 사용하고 있습니다. 혹시 1990년대 후반, 아이들의 영웅이었던 텔레토비를 기억하시나요? 1997년부터 영국 BBC 방송국에서 시작한 이 유아용 TV 프로그램은 전세계를 강타한 히트작이었습니다. 4명의 귀여운 텔레토비들은 각자의 복부에 텔레비전을 달고 나와서 엉덩이 춤을 추고 기괴한 노래를 부르며, 이상하게 생긴 과자를 먹고 노는 모습을 보여주었죠. 아이들뿐만 아니라 같이 시청하던 학부모들도 텔레토비를 보면서 마음의 평안을 찾았을 정도로 사람들에게 위안이 되었던 방송이었습니다. 텔레토비는 영어 스펠링을

보게 되면 tele(텔레비전) + tubbies(땅딸보), 즉 작은 땅
딸보의 의미를 가지고 있습니다. 앞부분만 떼어서 보게
되면 영국인들이 텔레비전을 부를 때 사용하는 telly라
는 말과도 발음이 같기 때문에 텔레토비를 만들어낸 영
국인들에게는 이 단어가 좀 더 직관적으로 다가왔을 것
입니다. 반면 미국에서는 television을 telly라고 줄여 말
하기보다는 tele + vision의 각 앞 글자를 따서 우리에게
도 익숙한 TV라고 줄여 부릅니다.

Draw vs. Tie

무승부를 이야기할 때 영국에서는 draw라는 표현을 선
호하지만 미국에서는 tie라는 단어를 더 선호합니다. 무
승부 경기를 말할 때 0은 nil이라고도 표현해서 경기스
코어가 0-0 무승부이면 nil-nil draw 또는 nil-nil로 표현
합니다. 최종 스코어가 1-1 무승부일 때에는 단순히 one-
one이라고도 하지만 one-all, one-all draw로 표현할 수
도 있어요.

Ladybird vs. Ladybug

무당벌레는 미국에서는 ladybug라고 하지만 영국에서
는 흥미롭게도 ladybird라고 합니다. 새가 아닌 곤충임

에도 불구하고 영국에서는 중세 시대부터 ladybird라고 불리던 이름을 그대로 사용하고 있고 심지어 일부 영국 인들은 무당벌레와 아무 상관 없어 보이는 ladycow라는 lady(숙녀) + cow(암소)라는 이상한 형태의 단어로도 무 당벌레를 표현하기도 하니 함께 알아두세요.

Casualty vs. Emergency Room

우리는 casualty는 '사상자'의 의미를 가지고 있다고 배 웠습니다. 어떠한 사고에서 사람들이 몇 명이나 다쳤고 사망했는지를 파악하는 과정에서 casualty라는 단어를 마주치게 됩니다. 영국에서는 이러한 casualty라는 단 어가 응급실을 뜻하기도 합니다. 반면, 미국에서의 응급 실은 emergency room이며 한국, 미국 의학 드라마에서 심심치 않게 접하는 ER은 바로 emergency room의 줄임 말이죠. 얼핏 보기에도 casualty보다는 emergency room 이 훨씬 더 직관적으로 와 닿습니다.

Plain chocolate vs. Dark chocolate

두 단어를 보고 어떤 종류의 초콜릿인지 짐작이 가나 요? 두 단어 모두 각각 영국과 미국에서 다크 초콜릿을 일컫는 말입니다. 즉, 당도가 상대적으로 일반 초콜릿보

다 낮고 더 어두운 색감을 갖는 초콜릿을 지칭하는 것
이죠. plain하다는 말은 '깨끗한', '아무것도 없는 날것
의'라는 의미가 있는데 영국에서는 버터나 우유를 넣
지 않은 순 초콜릿이라는 의미로 이를 plain chocolate
이라고 부릅니다. 다른 초콜릿들보다 상대적으로 코코
아나 버터가 더 많이 들어가고 설탕이 적어 쓸쓸한 맛
을 내는 초콜릿이죠. 반면에 이 plain chocolate에 우유
를 넣어 부드러운 맛이 나도록 만들기 시작하면 그것이
milk chocolate이 되는 것이고요. 반면 미국에서 dark
chocolate이라고 부르는 이유는 짐작하셨겠지만 '색깔'
에 기반하고 있죠. 그런데 잠깐, 왜 이 둘은 같은 초콜릿
을 다른 방식으로 부르게 된 것일까요?

먼저 초콜릿은 미국이 영국에서 독립하기 이전인 17세
기 초부터 존재하였고 18세기 즈음에는 프랑스에서 초
콜릿 회사가 생겨났고 19세기에는 스위스, 영국 그리
고 후발주자로 미국에서 그 유명한 허쉬 초콜릿 공장
이 생기게 됩니다. 이는 곧 초콜릿의 대량생산 공정 과
정이 유럽에서 먼저 시작하였다는 이야기가 되는데 이
것이 결국에 초콜릿 공정 기법에 대한 인식이 반영된
'plain'(순수하게 아무것도 넣지 않은) 초콜릿이라고 부

를 것인지, 혹은 'dark'(단지 색이 어두운) 초콜릿이라고 부를 것인지를 결정짓는 계기가 되었습니다. 어휘의 생성은 역시 그 생성 과정과 문화적 배경을 염두에 두지 않고서는 정확하게 파악하기 어려운 부분이 많기에 이러한 배경지식을 알면 더 쉽게 이해할 수 있겠죠.

영국과 미국의 스포츠

영국과 미국 모두 세계적인 스포츠 강국이기 때문에 다양한 종류의 운동 종목들이 골고루 잘 발달돼 있습니다. 하지만 대중적인 스포츠의 경우에는 영국인과 미국인이 선호하는 운동 종목이 매우 다릅니다. 대다수의 영국인은 축구(football) 마니아들이며 자신들의 지역팀들을 광적으로 응원하고 지지합니다. English Premier League (EPL)는 유럽 축구 리그 중 가장 큰 규모의 프로 축구 리그이며 이러한 EPL 영국 프로 축구 리그는 영국뿐 아니라 전 세계적으로 큰 인기를 얻고 있습니다. 축구 외에도 영국에서는 럭비, 테니스, 크리켓, 카레이싱이 인기가 많은 편입니다.

영국에서 축구가 부동의 1위 인기 스포츠라면 미국의 경우는 미식축구(American football)가 가장 인기 있는 스포츠입니다. 영국의 럭비와 유사하지만, 훨씬 더 다채로운 규칙과 전술이 존재하는 미식축구는 아주 제한적으로 공을 발로 차지만 미국에서는 football로 불리며 축구 soccer와는 전혀 상관없는 독립적인 스포츠입니다.

National Football League라고 불리는 NFL 풋볼리그는 많은 미국인에게 사랑받고 있으며, 특히 매년 2월 초에 열리는 슈퍼볼 (Super Bowl)이라고 불리는 NFL 풋

볼리그 결승전 경기는 미국 인구의 약 절반 정도인 1억 명 이상이 시청하는 시청률이 가장 높은 방송 프로그램으로도 유명합니다. 미식축구 다음으로는 National Basketball Association (NBA) 농구, Major League Baseball (MLB) 야구, Major League Soccer (MLS) 축구 그리고 National Hockey League (NHL) 하키 리그 등이 미국 내에서 대중들에게 가장 큰 인기를 얻고 있는 대표적인 스포츠입니다.

오늘 TV에서 봤던
미국 럭비 게임이
흥미진진했어. 마지막
1분까지 무승부였는데,
기적이 일어났지.

The American rugby game I watched on telly today was very interesting. It was a draw game at the end of the last minute, but something happened.

아, 미국에서는 축구를
soccer라고 하지.
그러네. 왜 그 선수가
응급실로 가게 되었을까?

Oh, football is soccer in your country. I see. Do you know why the player was sent to casualty?

그 말은 그 선수가
수비라인에 서 있다가
무당벌레를 삼켰단
이야기군.

So he swallowed some ladybirds while he was standing in a defence line.

다크초콜릿이 복통
원인이었을 수도 있겠군.

The plain chocolate might have given him a stomachache.

It was actually not rugby but American football. I watched the game on TV too. It was almost a tie game, but once a player was rushed to the emergency room everything changed.

너 그거 아냐? 그 게임은 럭비가 아니고 미식축구야. 나도 그 경기 TV로 봤어. 거의 무승부 게임이었는데 한 선수가 응급실로 실려나가면서 모든 게 바뀌었지.

He had his mouth open and accidentally ate some ladybugs while he was standing in the defense line.

그 선수가 수비라인에 서 있으면서 입을 벌리고 있다가 갑자기 무당벌레 몇 마리를 먹어버렸다네.

Yeah. But I think that is not the main reason. People said that he ate a piece of dark chocolate during the half-time break and that might be the problem.

그래. 하지만 그게 진짜 문제는 아닌 것 같아. 사람들이 이야기하는데 전반전 끝나고 휴식시간에 다크 초콜릿 한 조각을 먹었는데 그게 문제가 아닌가 싶어.

Anyway, that accident got his team members fired up and they eventually won the game.

어쨌든 그 사건이 그 선수팀 동료들 전의를 활활 타오르게 했고 결국에는 경기를 이겼잖아.

Excuse m

this *ha*

yesterday,

like to e

it for this

You can

your *p*

this *back*

. I bought
ndbag
out I would
xchange
rucksack.

xchange
rse for
ack here.

실례합니다. 이 핸드백을 어제 샀는데요. 이 배낭으로 교환해서 우편으로 집에 보내주시면 좋겠어요.

Excuse me. I bought this [핸드백] yesterday, but I would like to exchange it for this [배낭] and send it to my house by [우편].

아, 네. 우편번호는 알고 있어요. 그럼 엘리베이터 타고 3층으로 지금 내려갈게요. 감사합니다. 아, 그리고 지우개는 여기서 어디로 가야 살 수 있나요?

Oh, I know my [우편번호], so I will take a [엘리베이터] down to the 2nd floor now. Thanks. Also, where can I buy a [지우개] here?

감사합니다. 쇼핑카트는 바로 반납할게요. 제가 다녀올 때까지 저희 유모차 좀 맡아 주실 수 있나요? 애랑 걸어서 지하철역에 갔다 올게요.

[감사합니다], I will get my [쇼핑카트] back right away. Could you keep my [유모차] until I come back here? I will just walk to the [지하철역] with my kid and come back here.

You can exchange your 핸드백 for this 배낭 here, but you need to take an 엘리베이터 and go down to the 3rd floor to send your item by 우편. You also need to know your 우편번호 to have your backpack delivered.

손님, 핸드백을 배낭으로 교환하실 수 있습니다. 하지만 우편 배송을 하시려면 엘리베이터를 타고 3층으로 내려가셔야 합니다. 또한 배낭을 배송하려면 우편번호도 기입해 주셔야 합니다.

We don't have a stationery shop here. There is a shop where you can buy an 지우개 near here. Go out of this building and go down to the 지하철역. There will be a stationery shop inside the station. Don't forget to return your 쇼핑카트 before leaving.

여기 문구점은 없습니다. 이 근처에 지우게 살 수 있는 가게가 하나 있어요. 이 건물 밖으로 나가셔서 지하철역으로 내려가세요. 그 안에 문구점이 있을 거예요. 떠나시기 전에 쇼핑카트 반납하시는 것 잊지 마시고요.

Sure, no problem. Just leave your 유모차 inside our shop.

물론입니다. 유모차를 저희 가게 안에다 놓고 다녀오세요.

mp3.52

Post vs. Mail

우편이라는 표현은 영국에서는 post를 선호하고 미국에서는 mail을 선호합니다. 그러다 보니 영국에서는 '우편으로' 라는 표현도 by post가 되고 우편함도 postbox라고 하지만 미국에서 '우편으로'는 by mail이 되고 우편함도 mailbox라고 합니다. 우편 관련한 모든 단어가 일관성 있게 영국은 post, 미국은 mail로 표기하면 이상적이겠으나 아쉽게도 엽서는 영국과 미국 모두 postcard라고 하며 우체국도 둘 다 post office라고 합니다. 미국 영어라고 엽서가 mailcard가 되거나 우체국이 mail office가 되지는 않으니 이러한 표현들은 주의해야 합니다.

Handbag vs. Purse
Rucksack vs. Backpack

우리나라와 마찬가지로 영국에서는 핸드백을 handbag이라고 부르지만 미국에서는 handbag과 purse라는 표현을 모두 사용합니다. 원래 purse라는 단어는 동전 주머니를 의미해서 여전히 몇몇 나라에서는 지갑 또는 지갑 크기의 가방을 purse라고 칭하기도 합니다. 원래 handbag이라는 말은 남자들이 한 손에 들고 다니는 가방을 의미했는데 여성들의 가방 크기도 덩달아 커지다 보니 서서히 여성의 가방을 지칭하는 말로 바뀌게 되었다고 합니다. 뒤로 메는 배낭은 영국에서는 rucksack이라고 부르지만 미국에서는 우리에게 좀 더 친숙한 단어인 backpack이라고 부릅니다. 흥미롭게도 '배낭여행을 가다'라는 말은 영국과 미국 둘 다 go backpacking이라고 하며 영국이라고 go rucksacking이라고 하지는 않으니 주의해야 합니다.

Rubber vs. Eraser

지우개는 영국에서는 지우개의 고무 재질 자체를 반영하여 고무를 의미하는 rubber라고 하지만 미국에서는 지우개의 용도를 강조하는 erase(삭제하다)에 도구를 의미하는 er을 붙여서 eraser로 표현합니다.

Underground vs. Subway

지하철 체계를 영국에서는 underground(보통은 the Underground라는 표현을 선호하지만), 미국에서는 subway라고 합니다. 영국을 제외한 유럽 국가들의 지하철을 말할 때는 metro를 쓰기도 하며 미국 일부 대도시에서도 LA Metro처럼 지하철을 말할 때 metro로 표현하기도 합니다. 특히나 영국 런던의 지하철은 the Tube라는 특화된 표현이 있으며 프랑스 파리의 지하철도 the Metro라고 합니다.

Trolley vs. Cart

마트에서 사용하는 카트를 영국에서는 (shopping) trolley라고 하고 미국에서는 (shopping) cart라고 합니다. 우리가 알고 있는 쇼핑 카트는 미국 영어에서 온 표현이죠. 그 밖에도 trolley는 영국에서는 전기를 동력으로 운행하는 전차를 말하기도 하는데 미국에서 전차는 보통 tram이라고 합니다.

Pram, Pushchair vs. Stroller

유모차는 영국에서는 pram, pushchair, buggy처럼 다양한 단어로 표현하지만 미국에서는 '거닐다', '산책하다'라는 stroll이라는 동사에 도구를 의미하는 -er을 붙여서 거닐 때 쓰는 도구라는 의미에서 나온 stroller라고 표현합니다.

Cheers vs. Thanks or bye

영국에 가서 듣고 많이 당황하는 표현 중 하나가 cheers 입니다. 흔히 우리가 알기로 cheers는 '건배'를 의미하는 데요. 영국 영어에서 cheers는 건배의 의미 뿐만 아니라 쿨하게 '고마워(thanks)' 또는 헤어질 때 쓰는 '안녕, 잘 가(bye)'의 의미로도 쓰입니다. 그렇기 때문에 술을 마시는 상황이 아닌 경우에 영국인이 cheers라고 말하면 이런 '고마워'나 '안녕' 정도로 이해해야 합니다. 영국과 달리 미국에서는 cheers가 건배 외의 의미로는 거의 사용되지 않습니다.

Cheers는 단어를 발음할 때도 주의해야 합니다. 미국에서 '건배!'라고 말할 때 '취어r스!' 라는 식으로 말을 한다면, 영국에서 '고마워', '안녕' 이라고 표현할 때의 cheers는 오히려 '츄스'의 발음에 가깝습니다. 무언가를 빌려줄 때마다 '츄스', '츄스' 라고 해서 '도대체 무엇을 선택(choose)하라는 것이지?'라고 생각할 정도로 choose와 발음이 혼동되니 주의해야 합니다.

영국에서는 cheers처럼 사용하는 여러 가지 독특한 표현들이 있습니다. 아래의 감탄사들을 배워 볼까요?

1. Cheers
앞서 설명한 대로 '고마워'의 의미가 있습니다.

2. Ta
처음 듣고 전혀 감을 잡지 못했던 표현입니다. 이 말은 Thank You의 줄임말이며 cheers와 비슷한 의미를 가지고 있습니다.

3. Cool

'춥다'의 의미가 아니라 '좋아' 정도의 의미가 있습니다. 예를 들면 두 사람이 특정 사안에 대해서 의견이 맞지 않다 결국 같은 결론을 내린다면 마지막에 서로 환하게 웃으며 Cool, we'll see tomorrow(좋아, 내일 봐.) 정도의 말을 할 수 있는 것입니다. 이에 대해서 상대방은 또 Cool, what time?(좋아, 몇 시에?) 정도의 답을 할 수 있죠.

그렇다고 hot이라는 말이 '좋지 않아'의 의미를 가지고 있는 것은 또 아닙니다. 오히려 hot하다는 것은 미국이나 영국 모두에서 '섹시하다'의 의미를 가지고 있습니다. 그렇다면 혹시 '잘생긴 남자'에 대해서는 뭐라고 할까요? 우리는 handsome이라고 표현할 것이라고 생각할 수 있지만 보통은 cute하다고 표현합니다.

He's cute라고 한다면 '걔 잘생겼어'라는 표현 정도라고 생각하면 되겠습니다. 그렇다면 handsome이라는 표현은 언제 사용하는 것이냐고요? handsome은 '진짜 진짜 잘생겼을 때'만 사용합니다. 주관적인 생각이지만 예를 들어 영국 여성들이 드라마 〈셜록 홈즈 Sherlock Holmes〉의 주연 베네딕트 컴버배치(Benedict Cumberbatch)에게 handsome이라고 할 가능성은 낮습니다. 반면 영국의 대표 미남 배우 휴 그랜트(Hugh

Grant)를 두고 cute라고 할 가능성 또한 매우 낮습니다. 이 사람은 무조건 handsome하다고 표현을 하는 것이 일반적이죠.

4. Brilliant

맘 그대로 '놀랍다'라는 표현입니다. 하지만 마치 서프라이즈 파티 주인공이 파티에 놀라서 '놀라워!'라고 말하는 경우와는 좀 다릅니다. 그런 경우에는 What a surprise!라고 표현하겠죠. brilliant라는 말은 어떠한 성과나 지표가 자신이 예상했던 수준을 상회하는 경우에 종종 사용합니다. 따라서 칭찬할 때에도 자주 쓰는 말이죠.

5. Lovely

'사랑스럽다'라는 이 말을 영국인들은 '좋아' 정도의 표현으로 사용합니다. cool이라는 말과 비슷한 의미를 가지고 있죠. 경험적으로 보면 여성들이 lovely라는 말을 좀 더 사용한다면 남성들은 cool이라는 말을 좀 더 사용하는 것 같습니다. 축구를 좋아하는 거친 젊은 남성들 입에서 lovely 같은 사랑스런 표현이 나오는 것은 흔한 일은 아닙니다.

6. Much appreciated

'매우 고맙다'라는 의미를 가지고 있는 이 말은 감사한 정도를 극대화하여 표현하기 위하여 사용합니다. 혹은 선생님이 학생에게 '매우 고맙구나' 정도의 말을 하고 싶을 때에도 사용하는 표현입니다.

7. Fab

fabulous의 줄임말로 brilliant 정도의 의미를 가지고 있습니다. '아주 멋진' 혹은 '기막힌' 정도의 의미입니다.

8. Wicked

미국 영어에서 사실 이 말은 '사악한'의 의미를 가지고 있습니다. 즉, 선과 악의 구도에서 악한 역할을 wicked라고 부를 수 있는 것이죠. 영국에서 영어를 먼저 배운 필자는 보통 아이들이 대단히 멋지거나 경이로운 광경을 볼 때 이 말을 사용하는 것을 보며 이 단어의 쓰임이 매우 생소했습니다. 우리 나라 젊은 세대에서 많이 쓰는 '쩐다'라는 속어가 있죠. 우리는 이에 대해서 깊이 고민하지 않고 '엄청나다', '좋다' 정도의 의미로 받아들이는데, 영국에서는 wicked가 이와 같은 맥락으로 사용됩니다.

영국과 미국의 패션 브랜드

영국과 미국을 대표하는 패션 브랜드를 한번 살펴보도록 하겠습니다. 영국의 명품 브랜드 중에서 가장 유명한 브랜드는 Burberry입니다. Burberry는 패션 디자이너 Thomas Burberry가 1856년에 Burberrys라는 이름으로 설립하여 이탈리아의 Gucci, 프랑스의 Chanel 등과 같은 세계적인 패션 브랜드가 되었습니다.

Burberry가 명품 브랜드가 되는 과정이 흥미롭습니다. 영국의 날씨는 하루에도 여러 차례 비가 내리는 것으로 악명(?)이 높은데요, 그렇다 보니 옷이 젖지 않는 레인코트가 필수인데 당시의 원단은 가볍지 않아서 비를 맞으면 축 늘어지는 무거운 원단의 레인코트를 입어야 했습니다. 이를 해결하기 위해서 Thomas Burberry는 '개버딘'이라는 원단을 만들어 농부들이 입고 일할 수 있는 작업복 용도의 코트를 만들었죠. 방수 기능까지 갖추었던 이 코트는 삽시간에 인기 제품이 되었고 이후에는 영국의 보어 전쟁 당시 영국 군부에서 대량의 옷을 주문하였던 것이 후에는 영국 황실에서도 사용하기 시작하였다고 합니다. 유명한 일화로 영국 황제 에드워드 7세가 Bring my Burberry(내 버버리를 가지고 와라)라고 말한 것이 발단이 되어 Burberry는 명실상부한 국가적인 명품 브랜드의 반열에 오르게 되었습니다. 전통 있는 명품 브랜드 Burberry 이외에도 최근에는 영국 출신 유명 디자이너들이 자신의 이름을 브랜드화한 Paul Smith나 Vivian Westwood가 새로운 명품 패션 브랜드로 각광받고 있습니다.

　미국 브랜드 중에서 가장 유명한 브랜드라고 하면 어떤 브랜드가 떠오르나요? 혹자는 미국 영화 〈악마는 프라다를 입는다〉를 본 후 이탈리아 패션 브랜드인 Prada를 떠올렸을 수도 있습니다. 명품이란 것은 그 고유의 전통 자체도 중요해서 브랜드의 역사와 전통이 오랜 시간 확립되어야 하는 부분 역시 명품 여부를 판단하는 지표가 되기도 합니다. 미국의 건국 초기에는 실용성을 중시하는 브랜드가 각광을 받았습니다. 대표적인 브랜드로는 1853년에 독일계 이민자 Levi Strauss가 최초로 청바지(Denim)라는 개념을 만든 Levi's입니다. 1800년대 후반 '골드러시'라고 일컬어지던 미국 서부 금광에서 금을 찾아 모인 수많은 미국인에게 때가 잘 타지 않고 질기고 오래 가는 청바지의 출현은 엄청난 반향을 일으켰습니다. 이후 서부 개척시대에 Levi's 청바지는 카우보이들에게는 교복과도 같은 존재였으며 오늘날에도 Levi's 청바지는 전세계에 2,800여개의 매장을 보유하여 전세계인에게 사랑 받는 대중적인 패션 브랜드입니다.

또 다른 명품 브랜드로 Polo가 있습니다. 폴로 셔츠라는 고유명사를 만들었을 정도로 패션 디자이너 Ralph Lauren이 미국 뉴욕에서 1967년에 세운 브랜드로, 미국 상류 사회 스포츠인 폴로를 하는 남성이 그려진 상징적인 로고는 미국을 상징하는 독보적인 브랜드로 성장하였습니다. 또한 최근에는 미국 출신 유명 디자이너들이 자신의 이름을 브랜드화한 Marc Jacobs, Calvin Klein, DKNY (Donna Karan New York), Tory Burch나 가방 브랜드로 큰 인기를 얻고 있는 Coach가 실용적인 명품 패션 브랜드로 각광을 받고 있습니다.

실례합니다. 이 핸드백을 어제 샀는데요. 이 배낭으로 교환해서 우편으로 집에 보내주시면 좋겠어요.

Excuse me. I bought this handbag yesterday, but I would like to exchange it for this rucksack and send it to my house by post.

아, 네. 우편번호는 알고 있어요. 그러면 엘리베이터 타고 3층으로 지금 내려갈게요. 감사합니다. 아, 그리고 지우개는 여기서 어디로 가야 살 수 있나요?

Oh, I know my post code, so I will take a lift down to the 2nd floor now. Thanks. Also, where can I buy a rubber here?

감사합니다. 쇼핑카트는 바로 반납할게요. 제가 다녀올 때까지 저희 유모차 좀 맡아 주실 수 있나요? 애랑 걸어서 지하철역에 갔다 올게요.

Cheers, I will get my shopping trolley back right away. Could you keep my pushchair until I come back here? I will just walk to the underground station with my kid and come back here.

You can exchange your purse for this backpack here, but you need to take an elevator and go down to the 3rd floor to send your item by mail. You also need to know your zip code to have your backpack delivered.

손님, 핸드백을 배낭으로 교환하실 수 있습니다. 하지만 우편 배송을 하시려면 엘리베이터를 타고 3층으로 내려가셔야 합니다. 또한 배낭을 배송하려면 우편번호도 기입해 주셔야 합니다.

We don't have a stationery shop here. There is a shop where you can buy an eraser near here. Go out of this building and go down to the subway station. There will be a stationery shop inside the station. Don't forget to return your shopping cart before leaving.

여기 문구점은 없습니다. 이 근처에 지우게 살 수 있는 가게가 하나 있는데요. 이 건물 밖으로 나가셔서 지하철역으로 내려가세요. 그 안에 문구점이 있을 거예요. 떠나시기 전에 쇼핑카트 반납하시는 것 잊지 마시고요.

Sure, no problem. Just leave your stroller inside our shop.

물론입니다. 유모차를 저희 가게 안에다 놓고 다녀오세요.

I went to a
school a
studie
secondary
Eng

I also studi
schools i

ABC *junior*
nd then
at DEF
school in
and.

d in *public*
the U.S.

나는 영국에서 ABC 초등학교에 다녔고 DEF 중학교에서 공부했어. 모두 공립학교야. 너는 어때?

I went to ABC [초등학교] and then studied at DEF [중학교] in England. They are [공립학교]. How about you?

나는 미국의 public school이 영국의 state school과 같은 공립학교를 의미한다고 들었어. 그리고 미국의 private school을 영국의 public school과 같은 사립학교라고 본다고 말이야. 그게 되게 헷갈려.

I heard that American [공립학교] means [공립학교] in England and Americans consider [사립학교] as [사립학교] in the UK. It is very confusing to me.

아니. 영국 학생들은 보통 A-level 시험을 쳐. 난 2년 전에 A-level 시험을 쳤고 이제는 대학 2학년생이지.

No, students in the UK usually take '[A-Levels]' for university. I took [A-Levels] 2 years ago, and now I am a [2학년] in a university.

그렇구나. 그럼 가을에 4학년이 되는 건가?

Okay, are you going to be a [4학년] in the [가을]?

I also studied in [공립학교] _____ in the U.S. I went to GHI [초등학교] _____ and JKL [중학교] _____. I finished my [고등학교 과정] _____ at MNO [고등학교] _____ 3 years ago.

나도 미국 공립학교에서 공부했어. GHI 초등학교와 JKL 중학교에 다녔어. 3년 전에 MNO 고등학교에서 고등학교 과정을 마쳤지.

So the meaning of '[공립학교] _____ _____' is completely different between England and America. That's interesting. Did you take [SAT] _____ to go to a college?

그렇다면 public school의 의미는 영국에서는 사립학교고 미국에서는 공립학교이니 완전히 다르구나. 참 재미있네. 혹시 대학에 가려고 SAT 봤어?

So you are a [2학년] _____. I thought you were a [1학년] _____. I am a [3학년] _____ at PQR college in the U.S.

아, 그럼 지금은 2학년이라는 거네. 난 네가 1학년이라고 생각했어. 나는 미국 PQR 대학에서 3학년이야.

Yes, I will be a [4학년] _____ in the [가을] _____ semester.

응, 나는 가을 학기에 4학년이 될 거야.

영국 영어와 미국 영어에 학제 관련 표현 차이 요약

영국식 표현	한국식 표현	미국식 표현
State school	공립학교	Public school
Public school	사립학교	Private school
Private School		Preparatory school
Primary school,	초등학교	Elementary school,
Junior school		Grade school
Secondary school	중학교	Junior high school,
		Middle school
Secondary school	고등학교	High school
A-level	대입시험	SAT, ACT
First-year student	대학 1학년생	Freshman
Second-year student	대학 2학년생	Sophomore
Third-year student	대학 3학년생	Junior
Fourth-year student	대학 4학년생	Senior

Public School vs. Private School

미국 학교에서 공립학교는 public school이라고 하지만
영국에서는 state school이라고 합니다. 아이러니하게도
영국에서 public school은 공립학교와 반대의 개념인 사
립학교를 의미합니다. 물론 영국 역시 사립학교를 지칭

할 때 private school을 사용하나, public school에 대해서
는 정반대의 의미를 지니고 있으므로 혼동이 될 수 있
습니다. 한편 미국에서 사립학교는 private school 또는
preparatory school (보통 prep school)이라고 하죠.

영국과 미국의 초/중/고등학교 시스템

한국에서의 중학교와 고등학교 형태를 합한 것을 영국
에서는 secondary school이라고 부릅니다.

초등학교는 primary school이죠. prime은 '첫 번째'라
는 의미이고 second는 '두 번째'라는 의미이기 때문에 대
학(college)에 입학하기 전에 밟는 첫 번째와 두 번째 단
계라는 의미로 생각할 수 있습니다.

영국의 청소년 교과 과정은 각 주마다 약간의 차이가
있지만 보통은 초등 6년과 중등 5년의 총 11학년 과정에
sixth form이라고 하는 2년 동안의 12, 13학년의 대학 준
비 과정 또는 further education으로 불리는 직무 능력
향상 과정으로 이루어져 있습니다. 이 중에서 sixth form
과 further education은 우리에게 생소할 수 있습니다.

sixth form은 전체 교과 과정 중에 A-level로 불리는
영국판 대학 수학 능력 시험을 준비하는 맨 마지막 2년
간의 기간을 의미합니다. 특히 이 중에서도 12학년은 L6

(Lower Sixth)라고 부르며 그 다음 학년인 13학년은 U6 (Upper Sixth)라고 부릅니다.

further education은 영국에서 secondary school 11학년을 마친 학생들이 대학 수준의 더 높은 교육을 이수하고자 수료하는 교육으로, 16세 이상의 의무교육을 마친 학생들이 직업 교육 기반의 학습을 하는 과정이라고 볼 수 있습니다. 미국에서도 continuing education이라는 이름으로 이와 같은 교육을 진행합니다.

미국의 경우에는 우리나라와 비슷한 형태의 초등학교(elementary school), 중학교(middle school), 고등학교(high school) 순으로 이루어져 있으며 보통 K-12 시스템이라고 불리며, 시스템 구성은 다음과 같습니다.

초등학교 Elementary School (1~6학년)
중학교 Middle School(6~8학년)
Intermediate School(7~8학년)
Junior High School(7~9학년)
Senior High School(10~12학년)
Four Year High School(9~12학년)

미국에서 대학을 가려면 대입 학습능력 적성시험 (SAT:

Scholastic Aptitude Test)나 미국 대학입학 학력고사 (ACT: American College Test) 시험을 치러야 합니다. 그러나 영국에서는 A-level (Advanced level)이라는 과정과 시험을 보고 입학하는 것이 일반적입니다.

College vs. University

미국과 영국에서 college라는 이름에 해당하는 대학들은 한국에서 통용되는 일반적인 '대학'의 의미보다 더 큰 의미를 가지고 있습니다. 영국에서는 주로 대학을 통틀어서 college라는 용어를 사용하는데 college라는 말의 어원이 애초에 colleague, 즉 '동료'라는 의미를 내포하고 있기 때문에 이는 엄밀히 말하면 함께 공부하는 사람들이 모여 있는 공간 정도의 의미를 지니고 있습니다. 미국에서 흔히 종합 대학을 지칭하는 데에 사용하는 university의 어원인 universitas라는 말 또한 uni(하나의) + versitas(진리를 탐구하는 사람들)이라는 의미로 진리를 탐구하는 자들이 한데 모여 공부를 하는 곳이라는 의미입니다. 보통 미국과 영국에서 college는 단과 대학이나 학부 중심의 작은 대학교를 말하며 다양한 전공과 석사 및 박사 과정 프로그램을 제공하는 종합대학을 university라고 합니다.

영국에만 존재하는 Sixth form college

영국, 웨일즈, 북아일랜드 등의 여러 지역에서 16세부터 19세까지의 학생들이 A-level, 영국 고등교육 학력 인증 및 직업능력 시험(BTEC), 중등교육 자격 검정시험(GCSE) 등의 시험을 대비하는 고등학교의 개념입니다. 기본적으로 영국의 secondary school에서는 한국의 중학교부터 고등학교 학제까지를 모두 포함하는 반면 이 sixth form college에서는 이 중에서도 고등학교 과정만을 다루고 있습니다.

Community college (영국 미국 공통)

주로 고등학교 졸업만 하면 들어갈 수 있는 대학을 떠올리기도 하는데 정확한 의미에서는 직업 교육을 주로 제공하는 지역 단위의 대학들을 의미합니다. 우리나라로 치면 전문대학 정도를 의미하는 것이죠. 주로 4년제 대학에서나 있을 법한 각 종목의 대학 단위 스포츠 팀을 가지고 있는 비교적 큰 규모의 community college들도 더러 있습니다. 영국에서는 스코틀랜드를 제외하고 England, Wales, Northern Ireland 지역에서는 모두 School-age 학생들(11-18세)에게도 지역 단위의 교육을 제공하고 성인들이나 다른 사회 구성원들에게도 직

업 교육 등을 제공합니다. 우리나라로 치면 평생교육
원의 역할도 같이 하는 것이죠. 미국에서는 이와 같은
community college를 junior college라고 부르기도 하는
데 이 역시 영국과 비슷한 지역 사회 단위의 교육을 제
공합니다.

Postgraduate School vs. Graduate School

대학원을 지칭하는 표현이 영국과 미국에서 차이가 있
습니다. 특히 영국에서는 graduate school에 post(이후)라
는 의미를 덧붙여 대학원(postgraduate school)은 결국
학부 졸업 이후의 추가적인 교과 과정을 의미하게 됩니
다. 반면에 미국에서는 학부를 undergraduate school이
라고 부르며 오히려 대학원을 graduate school이라고 부
릅니다.

영국과 미국의 8학군은 어떨까요?

한 사람의 삶을 교육으로 다듬어 완성시키려는 욕구와 이를 위해서 좋은 교육 환경을 만드는 것은 유독 대한민국의 대입 경쟁에서만 나타나는 현상이라기보다는 어느 나라에서나 부모님들이 바라는 부분입니다. 영국, 미국에서도 부모님들은 자녀가 높은 수준의 교육을 받고 이를 기반으로 성공하기를 바라죠. 우리나라에 대치동과 같은 사교육 시스템이 있다면, 아이 교육에 대한 관심이 많은 영국과 미국에서는 이런 것이 어느 지역에서, 어떠한 양상으로 이루어지고 있는지를 확인해보겠습니다.

미국 지역별 명문 사립고교의 교육환경과 같은 좋은 학군이 형성되기 위해서는 여러 가지 요건들이 성립하여야 합니다. 먼저 그 지역을 이루고 있는 사람들의 직업과 경제력이 상위에 있는지 여부에서 시작합니다. 학군은 단지 그 주변의 좋은 학교가 인위적으로 형성되는 것이 아니라 그러한 사람들의 자연스러운 욕구에 의해서 형성되기 때문이죠.

미국 버지니아(Virginia)의 페어팩스(Fairfax)는 교육열이 높은 대표적인 지역으로 알려져 있습니다. 버지니아 주는 특히나 한국인 가정이 자녀 교육을 위해서 이민을 많이 가는 지역 중 하나입니다. 이 지역은 워싱턴

DC 생활권이고, 미국의 상원의원 및 하원의원, FBI, CIA와 같은 정부기관 및 기업에서 일하는 미국 상류층 가족들이 많이 살기에 교육열이 높은 지역군을 형성할 수 있었습니다. 하지만 여기에서 이루어지는 교육은 우리나라의 경우처럼 아이들을 학원에 보내어 영어, 국어, 과학 공부 등에 힘을 쏟는 방식으로 이루어지는 대치동의 교육 방식과는 사뭇 다릅니다.

한 예로 페어팩스에 사는 부모 중에서는 새벽부터 아이들을 수영장에 데리고 가고, 축구장에서 아이들의 축구 경기를 기다리며 스케줄을 짜는 일종의 '사커맘'들이 있습니다. 이 지역의 부모들은 우리가 보통 여느 미국인들에 대해 떠올리듯 자신의 삶을 중요시하고 아이들에게 주체적인 학습을 요구하기보다는, 고등학교 시절까지는 아이들 교육을 최대한 뒷받침하고 도움을 주고자 하는 헌신적인 모습을 보입니다.

이 지역에서 이루어지는 정부의 교육 지원도 페어팩스의 교육열에 한몫하고 있습니다. 토머스 제퍼슨 과학고(Thomas Jefferson High School)와 명문 공립학교 운영 등이 활발하며 카운티 정부(그 지역의 교육을 책임지는 우리나라로 말하자면 군 단위)의 교사 양성 노력 등이 맞물려서 페어팩스 학구열을 높이는 데에 일조하고 있습니다.

Fairfax 외에도 미국의 상류층들은 자녀들을 각 지역별로 프렙 스쿨(Prep School)로 불리는 명문 사립고교에 입학시키려고 많은 노력을 합니다. Prep School은 College-Preparatory School의 약자로 명문대학 입학을 준비하는 학교입니다. 높은 명문대 입학률을 자랑하는 Prep School은 입학 후 학교에서 기숙하는 보딩 스쿨과 집에서 등하교를 하는 데이 스쿨로 나뉘고 엄청난 입학 경쟁률과 높은 학비 그리고 최고의 시설로 유명합니다.

한 예로 뉴욕 맨하탄에 위치한 Trinity School은 미국을 대표하는 300여년 전통의 Prep School로 유치원부터 12학년까지의 학생들을 가르치고 있으며 졸업생의 40% 이상이 아이비리그, 스탠포드, MIT 등 미국 10대 명문대에 입학하는 것으로 알려져 있습니다. 미국 일반 고등학교의 상위 랭킹 10위 대학 진학률이 0.01%에도 미치지 못하는 것과 비교하면 이러한 명문 Prep School의 교육 환경과 수준 차이는 실로 엄청나죠.

영국의 왕립학교

영국은 현재까지도 왕실이 존재하는 국가로 출신 가문에 따라 어느 정도 신분의 차이가 삶의 질에 영향을 미친다고 할 수 있습니다. 심지어는 학생들이 고등학교나 대학교에 입학하는 과정에서도 부모의 직업이 영향을 미친다는 이야기가 있을 정도이니까요. 이와 같은 상류층 자제들의 궁극적인 목표는 '옥스브리지'(Oxbridge: 영국 최고의 명문대학교인 Oxford와 Cambridge 대학의 합성어)나 London 대학교 같은 명문대에 입학하는 것인데, 우리나라 상위권 성적의 고등학생들이 SKY(서울대, 고려대, 연세대)에 입학하려고 노력하는 것과 마찬가지로 영국 상위권 학생들도 Oxford 또는 Cambridge 대학교에 입학하기 위해서 열렬히 노력하고 있습니다. 이와 같은 명문대학교에 입학하기 위해서는 Secondary School 학제에 해당하는 명문 고등학교에 입학하는 것 또한 매우 중요합니다. 한국에서 자사고 등의 특목고 및 8학군 같이 특정 지역에서 명문대 입학을 많이 시키는 것처럼 영국에서도 특정 고교에서 많은 명문대 합격생을 배출하기 때문이죠. 다음의 고등학교들은 치열한 경쟁을 뚫고 입학하는 영국의 대표적인 명문 고등학교입니다.

Eton College

Eton College는 명실상부 영국의 대표적인 명문입니다. 13세부터 18세의 남학생들이 기숙사 생활을 하며 총 학생은 1300명 정도입니다. 영국 왕실의 왕자들을 비롯한 많은 귀족과 상류층의 자제들, 세계 각지의 내로라하는 집안에서 남자 아이가 태어나면 바로 입학 신청 리스트에 이름을 올리는 학교로 더 유명합니다. 졸업생의 25%가 영국 최고의 명문대학교에 진학하고 있습니다.

Harrow School

Harrow School은 Eton College와 더불어 영국에서 가장 명망 있는 학교 중의 하나로 유명합니다. 윈스턴 처칠 경을 포함하여 8명의 총리를 배출한 학교이며 또한 수많은 정치가, 영국 의회의 의원들, 왕실 가족, 예술과 과학 모두에서 많은 걸출한 인물들을 배출한 학교입니다. 학생들 대다수가 영국 최고의 명문대학에 진학하고 있습니다.

Charterhouse School

Charterhouse School은 400년의 역사를 자랑하는 영국에서도 아름답고 역사적인 학교로 손꼽히는 명문 학교

중의 하나입니다. 이 학교 출신의 대표적인 졸업생으로
는 감리교의 창시자인 John Wesley가 있습니다.

나는 영국에서 ABC 초등학교에 다녔고 DEF 중학교에서 공부했어. 모두 공립학교야. 너는 어때?

I went to ABC junior school and then studied at DEF secondary school in England. They are state schools. How about you?

나는 미국의 public school이 영국의 state school과 같은 공립학교를 의미한다고 들었어. 그리고 미국의 private school을 영국의 public school과 같은 사립학교라고 본다고 말이야. 그게 되게 헷갈려.

I heard that American public school means state school in England and Americans consider private school as public school in the UK. It is very confusing to me.

아니. 영국 학생들은 보통 A-level 시험을 쳐. 난 2년 전에 A-level 시험을 쳤고 이제는 대학 2학년생이지.

No, students in the UK usually take 'A-level' for university. I took A-level 2 years ago, and now I am a second-year student in a university.

그렇구나. 그럼 가을에 4학년이 되는 건가?

Okay, are you going to be a fourth-year student in the autumn?

I also studied in public schools in the U.S. I went to GHI elementary school and JKL junior high school. I finished my high school program at MNO high school 3 years ago.

나도 미국 공립학교에서 공부했어. GHI 초등학교와 JKL 중학교에 다녔어. 3년 전에 MNO 고등학교에서 고등학교 과정을 마쳤지.

So the meaning of 'public school' is completely different between England and America. That's interesting. Did you take SAT to go to a college?

그렇다면 public school의 의미는 영국에서는 사립학교고 미국에서는 공립학교이니 완전히 다르구나. 참 재미있네. 혹시 대학에 가려고 SAT봤어?

So you are a sophomore. I thought you were a freshman. I am a junior at PQR college in the U.S.

아, 그럼 지금은 2학년이라는 거네. 난 네가 1학년이라고 생각했어. 나는 미국 PQR 대학에서 3학년이야.

Yes, I will be a senior in the fall semester.

응, 나는 가을 학기에 4학년이 될 거야.

Have you s

accident

taxi and *l*

moto

Yeah. On t

a *truck* sud

to the nex

without the

een the car
etween a
rry on the
way?

e *highway*,
enly turned
right lane
blinker sign.

고속도로에서 택시랑 트럭
교통사고 난 거 봤니?

Have you seen the car
accident between a [택시] and
[트럭] on the [고속도로]?

세상에! 깜빡이도 안
켜고 차선을 변경했다고!
분명히 음주운전일 거야.
택시 안에 있던 사람들은
괜찮았어?

Oh my God! A lane change
without using [깜빡이]!
This must have been a
[음주운전]. Were the
people in the [택시] okay?

저런, 안됐네. 본네트,
트렁크랑 범퍼에 차
앞 유리랑 타이어까지
박살났다니. 거의 재앙
수준이네. 그래서 트럭
운전수가 뭘 했어?

Oh, no. The [본네트], [트렁크],
[범퍼] and even [차 앞 유리]
and [타이어] were broken.
It was a huge disaster.
Then what did the [트럭]
driver do?

Yeah. On the 고속도로 , a 트럭 suddenly turned to the next right lane without the 깜빡이 sign and eventually hit a 택시 running on the next lane. The 트럭 driver seemed to be 음주운전 .

응. 고속도로에서 트럭 한 대가 갑자기 깜빡이도 안 켜고 우측차선으로 틀었고 결국 옆 차선에서 달리던 택시랑 부딪쳤지. 트럭 기사가 음주운전한 것처럼 보이던데.

They looked alright, but the 택시 was completely broken. The 본네트 , 트렁크 and 범퍼 were bent. Two 타이어 went flat and the 차 앞 유리 was completely broken.

그 사람들은 괜찮아 보였는데 택시가 완전히 망가졌어. 본네트, 트렁크랑 범퍼는 휘었어. 타이어 두 개가 터지고 차 앞유리가 완전히 박살났지.

The 트럭 driver got out of the 트럭 and then ran away. A 견인차 came there and took some pictures of the 번호판 of the 트럭 and 택시 .

트럭 운전사는 트럭에서 나와서 도망쳤지. 견인차 한 대가 와서 트럭이랑 택시 번호판 사진 찍었어.

mp3.54

견인차 기사가 번호판
사진 찍은 다음에는 택시
안에 있던 사람들 좀
챙겼어?

Did the 견인차
**driver take care of the
people in the** 택시 **after
taking some pictures of the**
번호판
?

그 면허증으로 트럭
운전수가 누군지 경찰이
알아내겠네.

The 면허증 **will
tell the police who the**
트럭 **driver is.**

Yes, he did until an ambulance arrived. Luckily, the 트럭 driver dropped his 면허증 on the 고속도로 . The 견인차 driver found it and gave it to the police officer.

응, 구급차가 왔을 때까지 잘 챙겼지. 다행히 트럭 운전수가 길바닥에 면허증을 떨어뜨렸더라고. 견인차 기사가 그걸 발견해서 경찰관에게 주었어.

I hope so.

그렇게 되면 좋겠어.

영국과 미국의 자동차 관련 다른 표현 정리

taxi라는 말에는 우리에게 익숙한 tax라는 단어가 들어 있습니다. tax는 세금이라는 의미이고 원하는 목적지에 데려다 주는 사람에게 '과금한다'는 점이 이 택시라는 말이 유래된 부분이기도 합니다. 우리에게는 taxi라는 표현이 매우 익숙하지만 미국에서는 taxi뿐 아니라 cab 이라는 표현도 많이 사용합니다. cab은 cabriolet이란 말에서 유래한 것으로 택시 이전에 사람들을 원하는 지점까지 데려다 주는 역마차를 말했는데 이를 줄여서 cab 이라는 말이 탄생하게 되었습니다. 우리나라에서도 구한말에 사람들이 직접 마차를 끌어서 이동하는 '인력거'라는 단어가 있었듯이 말이죠.

우리에게 매우 익숙한 단어인 truck은 미국 영어에서 유래한 말로 영국에서는 lorry라고 합니다. 우리에게는 탱크 로리(tank lorry)라고 불리는 기름을 운반하는 유조트럭이 사실은 영국에서 온 말이었던 것이죠.

또한 견인차는 미국에서는 tow(견인하다)에 truck을 더해서 tow truck이라는 직설적인 표현을 쓰지만 영국에서는 breakdown van이라는 우리에게 익숙하지 않은 표현을 씁니다.

음주운전은 미국에서는 drunk driving이라고 하지만 영국에서는 drink-driving으로 표현하며 면허증의 경우도 미국은 driver's license라고 하지만 영국은 driving licence(스펠링 주의)라고 합니다.

마지막으로 고속도로의 경우, 미국에서는 우리에게 익숙한 highway 또는 expressway라고 하지만 영국에서는 motorway라고 표현합니다.

영국과 미국의 자동차 부속품 관련 다른 표현 정리

우리나라에서는 '방향 지시등' 혹은 '깜빡이'라고 부르는 이 단어를 영국에서는 indicator, 미국에서는 blinker라고 부릅니다. indicator는 자신이 가는 방향을 앞뒤 차에 알려준다는 점에서 방향을 '지시'하는 역할을 하기에 방향 지시등이라고 합니다. 미국에서 쓰는 blink는 같은 의미의 단어지만 우리말로는 '깜빡이'가 적절한 표현이 되겠죠. 이렇듯 자동차의 부속품을 표현하는데 있어서 영국 영어와 미국 영어가 다르게 쓰이는 단어들이 많습니다.

아래의 표를 보면서 어떠한 차이가 있는지 직접 확인해 보세요.

영국식 표현	한국식 표현	미국식 표현
Indicator	방향 표시등, 깜빡이	Blinker, Turn signal
Bonnet	본네트	Hood
Boot	트렁크	Trunk
Windscreen	자동차 앞 유리	Windshield
Tyre	타이어	Tire
Wing	범퍼	Bumper, Fender
Number plate	자동차 번호판	License plate

자동차와 정원에 대한 관심도 차이

미국인은 한국인과 비슷하게 자동차에 대한 애정이 대단히 깊습니다. 소유자의 경제력은 곧 소유한 차의 격에 반영된다고 생각하기도 하며 경제적으로 여유가 있는 사람들은 많은 자동차를 보유하면서 이동 수단을 넘어 일종의 사치품 수집으로 생각하기도 합니다. 부유한 영국인들 역시 미국인들과 마찬가지로 자동차의 품질을 통해서 그들의 부유한 삶을 과시하려고 합니다. 하지만 대다수의 중산층 영국인들은 자동차의 격보다는 오히려 자신의 정원 관리를 매우 소중하게 생각하는 경향이 있습니다. 가끔씩 가까운 친구들을 초대하는 garden party에서 사람들과 식사를 즐기면서 바비큐 장비나 정원을 꾸민 방식들에 대한 소소한 이야기를 나누면서 자신의 경제적인 여유나 삶의 질적 수준을 간접적으로 드러내는 것을 좋아합니다.

Car Boot Sale vs. Garage Sale

영국에서는 car boot sale이라는 행사가 주말마다 열립니다. 이 때에는 사람들이 차 트렁크에 판매할 물건들을 실어 놓고 공원에 나와 물건을 사고팔고 합니다. 물론 말이 car boot sale이지 트렁크가 아니라 아예 좌판을 깔고 판매하는 사람들도 많죠. 말하자면 오프라인에서 벌어지는 중고나라인 셈입니다. 자신들이 입던 옷, 책, 신발, 가구, 컴퓨터, 장난감, 장신구 등 중고제품을 가지고 나와서 판매하는데 한번 들러보면 영국인들이 집에서 어떠한 집기를 갖고 사는지를 속속들이 확인할 수 있습니다.

그렇다면 미국에도 이와 같은 trunk sale이라는 말이 있을까요? 미국에는 자동차 뒤에 싣고 나와서 물건을 사고파는 trunk sale이 흔하지는 않지만 대신 차고에서 진행하는 garage sale이 있습니다. 사람들이 자신들의 차고에 물건을 가지고 나와서 판매하는데 한 길가 내지는 동네 전체가 함께 garage sale 기간을 계획하기도 합니다. garage sale을 통해서 미국인들이 주로 사용하는 집기들을 확인할 수 있습니다.

고속도로에서 택시랑 트럭
교통사고 난 거 봤니?

Have you seen the car accident between a taxi and lorry on the motorway?

세상에! 깜빡이도 안
켜고 차선을 변경했다고!
분명히 음주운전일 거야.
택시 안에 있던 사람들은
괜찮았어?

Oh my God! A lane change without using indicators! This must have been a drink-driving. Were the people in the taxi okay?

저런, 안됐네. 본네트,
트렁크랑 범퍼에 차
앞 유리랑 타이어까지
박살났다니. 거의 재앙
수준이네. 그래서 트럭
운전수가 뭘 했어?

Oh, no. The bonnet, boot, wings and even windscreen and tyres were broken. It was a huge disaster. Then what did the lorry driver do?

Yeah. On the highway, a truck suddenly turned to the next right lane without the blinker sign and eventually hit a cab running on the next lane. The truck driver seemed to be drunk driving.

응. 고속도로에서 트럭 한 대가 갑자기 깜빡이도 안 켜고 우측차선으로 틀었고 결국 옆 차선에서 달리던 택시랑 부딪쳤지. 트럭 기사가 음주운전한 것처럼 보이던데.

They looked alright, but the cab was completely broken. The hood, trunk and bumpers were bent. Two tires went flat and the wind shield was completely broken.

그 사람들은 괜찮아 보였는데 택시가 완전히 망가졌어. 본네트, 트렁크랑 범퍼는 휘었어. 타이어 두 개가 터지고 차 앞유리가 완전히 박살났지.

The truck driver got out of the truck and then ran away. A tow truck came there and took some pictures of the license plate of the truck and cab.

트럭 운전사는 트럭에서 나와서 도망쳤지. 견인차 한 대가 와서 트럭이랑 택시 번호판 사진 찍었어.

견인차 기사가 번호판
사진 찍은 다음에는 택시
안에 있던 사람들 좀
챙겼어?

Did the breakdown van driver take care of the people in the taxi after taking some pictures of the number plates?

그 면허증으로 트럭
운전수가 누군지 경찰이
알아내겠네.

The driving licence will tell the police who the lorry driver is.

Yes, he did until an ambulance arrived. Luckily, the truck driver dropped his driver's license on the highway. The tow driver found it and gave it to the police officer.

응, 구급차가 왔을 때까지 잘 챙겼지. 다행히 트럭 운전수가 길바닥에 면허증을 떨어뜨렸더라고. 견인차 기사가 그걸 발견해서 경찰관에게 주었어.

I hope so.

그렇게 되면 좋겠어.

We have
nappies,
and *cotto*
our

We go
diapers, a
cotton

ot a *crib*,
dummy
buds for
aby.

a *cot*,
acifier and
swabs.

지금까지 우리 아가용 침대랑 기저귀, 고무 젖꼭지랑 면봉을 챙겨놨는데 또 뭐를 준비해야 할까?

We have got a [아가용 침대], [기저귀], a [고무젖꼭지] and [면봉] for our baby. What else should we prepare?

젖병 소독기는 어떡하지? 여기 당신 누나한테 하나 받은 게 있는데. 전원 플러그를 여기 콘센트에 꽂아볼게. 저런, 작동을 안 하네.

How about a feeding bottle steriliser? We have one from your sister here. Let me put this plug in this [콘센트]. Oh no, it's not working!

아니. 작동 안 하면 이건 그냥 쓰레기인데. 이거 그냥 여기 쓰레기통에 넣어버려야겠다.

No. If this is not working, it's [쓰레기]. I will just put it into the [쓰레기 통].

알겠어. 소독기와 손전등을 함께 묶었어. 그러면 우리가 어떻게 아가 젖병을 소독하지? 그냥 레인지에서 젖병을 끓여버릴까?

Okay. I have packed the steriliser and [손전등] together. So, how will we sterilise our baby's feeding bottles? Should we just boil them on this [레인지]?

We got a [아가용 침대], [기저귀], a [고무젖꼭지] and [면봉]. We definitely need feeding bottles for our baby too.

아가용 침대랑, 기저귀, 고무젖꼭지랑 면봉을 챙겨놨구나. 아가용 젖병을 꼭 준비해야 할 것 같은데.

That [전기 콘센트] may not work. Put the plug in thls [콘센트]. Is it working?

전기 콘센트가 작동을 안 한 걸 수도 있잖아. 플러그를 이쪽 콘센트에 꼽아봐. 작동 돼?

Don't put it in the [쓰레기통]. It is a recyclable waste. Pack the sterilizer and this broken [손전등] together with this [랩].

쓰레기통에 넣지 마. 재활용 쓰레기잖아. 그 소독기랑 여기 고장 난 손전등을 이 랩으로 묶어봐.

That's a good idea! If we boil the feeding bottles on this [레인지], they will be sterilized too.

그거 좋은 생각이네. 우리가 이 레인지에서 젖병들을 끓여도, 젖병들이 소독이 되겠지.

mp3·55

영국과 미국의 아기용품 관련 표현의 차이

기저귀라는 단어는 영국에서는 nappy, 미국에서는 diaper로 사용합니다. 기저귀는 아이들의 배변을 어느 정도 흡수하는 역할을 하죠. 기저귀 공장이 생겨나기 이전에는 냅킨(napkin)을 사용하여 배변 정리를 하였다고 합니다. 어느 순간에는 매번 냅킨으로 처리하기가 번거로웠던 부모들이 아예 냅킨으로 아이의 배변기관을 감쌌는데 이렇듯 napkin에서 파생되어 기저귀라는 단어가 영국에서는 nappy가 되었습니다. 미국에서 사용하는 diaper는 기저귀를 만드는 데에 사용된 직조 기술 용어와 관련해 만들어진 단어입니다.

영국과 호주에서는 고무젖꼭지를 dummy라고 부릅니다. dummy라는 말 자체가 가짜를 대신하는 모형이라는 말이기 때문에 아이가 본능적으로 찾게 되는 젖꼭지의 모형을 따서 만들었다는 점에서 이와 같이 부르게 되었습니다. 오히려 우리나라 말인 '고무젖꼭지'라는 말 또한 '가짜 젖꼭지'를 의미한다는 점에서 비슷한 형식으로 만들어진 단어입니다. 반면 미국에서 쓰는 pacifier는 '안정 및 진정시키다'라는 의미를 지닌 pacify라는 동사에 도구를 의미하는 접미사인 –er을 붙여 '진정시키는 물건'이라는 의미에서 유래된 단어입니다.

아기용 침대는 영국에서는 crib이라고 하지만 미국에

서는 cot이라고 하며 면봉은 영국에서는 cotton bud라고 하고 미국에서는 cotton swab이라고 하니 주의해야 합니다.

Power Point vs. Outlet

우리나라에서 파워포인트는 PPT라고 불리는 발표용 프로그램이고 아웃렛은 할인매장을 말합니다. 하지만 power point는 영국에서, outlet은 미국에서 '콘센트'라는 의미를 가진 단어들입니다.

power point에서 power라는 말은 전력을 의미하고 point라는 말은 그 전력이 나오는 점이라는 의미를 가지고 있죠. 우리에게 친숙한 또 하나의 단어인 outlet은 몇몇 매장을 한데 모아 하나의 몰을 형성한 상업 시설을 일컫는 말이 맞습니다. 하지만 outlet이라는 말 자체는 전력을 바깥으로(out) 내보낸다(let)는 뜻도 가지고 있기 때문에 '콘센트'의 의미가 됩니다.

그럼 이제 슬슬 어이가 없어집니다. 평생 '콘센트'를 영어라고 생각해온 사람들은 이를 어찌 받아들이면 좋을까요? 여기에서 잠시 외국어와 외래어의 차이를 떠올려봅시다. 외국어란 실제로 외국에서 사용하고 있는 단어를 의미합니다. 즉, 외국인들이 실생활에서 현재 유효하게 사용하고 있는 단어 내지는 언어를 통칭하여 외국어라고 하는 것이죠. 반면 외래어는 현재 자국에서 사용하고 있는 말 중에 그 '어원'이 외국어에 있는 단어들을 의미합니다. 예를 들어 '핸드폰'이 외래어이죠. 외국에서는 아무도 handphone이라는 단어를 사용하지 않는데 우리는 핸드(hand)와 폰(phone)을 빌려와서 우리 멋대로 편한 방식으로 사용하고 있습니다.

이 이야기를 하는 이유는 콘센트가 우리나라에서 만들어진 외래어이기 때문입니다. 콘센트란 영어의 concentric plug(콘센트릭 플러그), 즉 '중심이 같은 원 모양의 플러그'라는 의미를 가지고 있는 단어를 일본인들이 줄여서 부른 '콘센트'에서 기원한 말입니다. 외래어와 외국어 간에는 우열이 없지만 우리나라에서 만들어진 우리 고유의 외래어와 외국에서 통용되는 외국어와의 차이는 정확하게 알고 있어야 혼동하지 않습니다. 외국인들에게 put you plug into this concent.라고 하면 10명 중 9명은 못 알아들으니까요.

Rubbish vs. Trash

수많은 어휘 중에서 영국 영어와 미국 영어의 차이점이 이 단어처럼 극명하게 대비되는 단어도 없을 겁니다. 쓰레기라는 의미를 가진 단어들 중 rubbish는 영국, 호주,

뉴질랜드 등에서 사용하며 trash는 미국에서 주로 사용합니다. 다른 어휘들은 혼용해서 사용하는 경우가 생기지만 미국에서 rubbish라는 단어를 사용하거나 영국에서 trash라는 단어를 사용하는 경우는 극히 드뭅니다. 그래서 쓰레기통은 영국에서는 rubbish bin이라고 하지만 미국에서는 trash can이나 garbage can이라는 표현을 많이 사용합니다. 우리나라에서도 아주 마음에 들지 않는 것에 대해서 '쓰레기'라는 식의 표현을 사용하곤 하죠. 영어도 마찬가지로 사람이나 사물이 기대 이하일 경우 rubbish와 trash라는 표현을 자주 사용합니다.

Torch vs. Flash light
Cooker vs. Stove

손전등을 가리키는 flash를 우리는 후레쉬라고 발음합니다. 정확한 명칭은 flash light라고 하며 영국에서 손전등은 torch라고 합니다. torch는 횃불이라는 뜻도 있어서 우리나라에서 토치는 휴대용 가스연료에 연결하는 횃불처럼 보이는 직화 버너를 말하기도 하지요.

cooker는 조리기라는 뜻도 있지만 보통 영국 영어에서는 주방에 있는 가스나 전기 레인지를 말하며 미국에서는 range 또는 stove라고 합니다.

지금까지 우리 아가용 침대랑 기저귀, 고무젖꼭지랑 면봉을 챙겨놨는데 또 뭐를 준비해야 할까?

We have got a crib, nappies, a dummy and cotton buds for our baby. What else should we prepare?

젖병 소독기는 어떡하지? 여기 당신 누나한테 하나 받은 게 있는데. 전원 플러그를 여기 콘센트에 꽂아볼게. 저런, 작동을 안 하네.

How about a feeding bottle steriliser? We have one from your sister here. Let me put this plug in this socket. Oh no, it's not working!

아니. 작동 안 하면 이건 그냥 쓰레기인데. 이거 그냥 여기 쓰레기통에 넣어버려야겠다.

No. If this is not working, it's rubbish. I will just put it into the rubbish bin.

알겠어. 소독기와 손전등을 함께 묶었어. 그러면 우리가 어떻게 아가 젖병을 소독하지? 그냥 레인지에서 젖병을 끓여버릴까?

Okay. I have packed the steriliser and torch together. So, how will we sterilise our baby's feeding bottles? Should we just boil them on this cooker?

We got a cot, diapers, a pacifier and cotton swabs. We definitely need feeding bottles for our baby too.

우리가 아가용 침대랑 기저귀, 고무젖꼭지랑 면봉을 챙겨놨구나. 아가용 젖병을 꼭 준비해야 할 것 같은데.

That electrical outlet may not work. Put the plug In this outlet. Is it working?

전기 콘센트가 작동을 안 한 걸 수도 있잖아. 플러그를 이쪽 콘센트에 꼽아봐. 작동 돼?

Don't put it in the trash can. It is a recyclable waste. Pack the sterilizer and this broken flash light together with this plastic wrap.

쓰레기통에 넣지 마. 재활용 쓰레기잖아. 그 소독기랑 여기 고장 난 손전등을 이 랩으로 묶어봐.

That's a good idea! If we boil the feeding bottles on this stove, they will be sterilized too.

그거 좋은 생각이네. 우리가 이 레인지에서 젖병들을 끓여도, 젖병들이 소독이 되겠지.

영국 영어 vs. 미국 영어: 문법의 차이

영국 영어와 미국 영어의 문어체의 차이점

구어체 영어에서 영국 영어와 미국 영어는 발음 및 사용하는 표현들에 다양한 차이가 있습니다. 이에 비해서 문어체 영어의 경우는 구어체 영어보다 상대적으로 작은 차이점들이 있으며 영국과 미국이 서로의 문화에 영향을 받으면서 이러한 차이점 또한 점점 줄어드는 추세입니다. 다음에 정리한 내용은 영국 영어와 미국 영어 사이에 남아 있는 몇 안 되는 차이점들입니다. 실제 여러분이 영작할 때 사용하는 영어에 영국 영어와 미국 영어의 표현들이 뒤섞여 있다고 하더라도 영국인, 미국인들이 그 의미를 이해하는 데 큰 어려움은 없을 것입니다. 하지만 어떤 표현들이 영국식이고 미국식인지를 정확하게 알고 일관성 있게 영작을 한다면 의미가 좀 더 명확해 보이고 이상적인 글을 쓸 수 있겠죠.

☞ 영국 영어와 미국 영어의
현재 및 현재완료 시제 표현의 차이

영국 영어에서는 미국 영어에서 현재시제로 표현하는 문장들 또한 현재완료 표현을 쓰기도 합니다.

특히나 미국 영어에서 Do you have...? 나 I don't have...? 처럼 쓰이는 표현들은 영국 영어에서는 현재완료 형태로 바뀌어 Have you got...? 과 I haven't got... 처럼 바꾸어 표현합니다.

영국 영어 (현재완료 선호)	미국 영어 (단순현재 선호)
I have got a good idea.	I have a good idea.
I haven't got the answer to the question.	I don't have the answer to the question.
Have you got any problems?	Do you have any problems?

하지만 영국 영어와 미국 영어 모두 과거 시점을 명시하여 말하면 과거시제 동사를 활용해서 표현을 합니다.

영국 영어 (과거시제 사용)

I ate dinner with Tom yesterday.
I left New York 2 weeks ago.
I didn't visit Japan last year.
Did you finish your homework today?

과거 시점을 명시하지 않더라도 yet, just, already를 써서 최근에 일어난 일을 표현할 때는 영국 영어는 현재완료 시제를 활용한 문장을 더 선호하고 미국 영어는 본래의 과거시제 동사를 활용하는 것을 더 선호합니다.

영국 영어 (현재완료 선호)	미국 영어 (단순현재 선호)
I have just eaten dinner with Tom.	I just ate dinner with Tom.
I have already left New York.	I already left New York.
I haven't visited Japan yet.	I didn't visit Japan yet.
Have you finished your homework?	Did you finish your homework?

☞ 영국 영어와 미국 영어의 get 동사 활용의 차이

get의 과거는 영국과 미국 모두 got이지만 과거분사의 경우에는 미국에서는 got과 gotten을 모두 사용하고 영국은 got만 허용하며 현재분사로는 got보다 had를 쓰는 것을 더 선호합니다. 예를 들면 미국 영어에서는 I have got some delicious food here. 라고 한다면 영국 영어에서는 I have had some delicious food here. 라고 표현하죠.

영국 영어	미국 영어
I have had a headache.	I have got a headache.
	I have gotten a headache.

무언가를 소유했거나 필요로 할 때 미국 영어는 have 또는 get으로 표현하지만 영국 영어에서는 보통 have got으로 표현해야 합니다.

영국 영어 (현재완료 선호)	미국 영어 (단순현재 선호)
(소유) I have got two brothers.	I have two brothers.
(필요) I have got to go home now.	I have to go home now. 또는
	I got to go home now.(비격식)

☞ 영국 영어와 미국 영어의
제안동사 뒤에 나오는 should 표기의 차이

상대방에게 제안을 할 때 쓰이는 suggest, insist, recommend, propose 같은 동사 뒤에 'that + 주어 + 동사'의 형태일 때 영국 영어는 that 뒤의 주어와 동사 사이에 should를 적어주지만 미국 영어에서는 should를 과감히 생략하고 오로지 '주어 + 동사'의 형태로 표기합니다. 그러다 보니 '그가 이 프로젝트를 하지 않는 걸 제안합니다' 라는 말은 영국 영어에서는 I suggest that he should not do this project.가 되지만 미국 영어에서는 I suggest that he not do this project.가 되어 that의 다음 부분이 이상하게 보입니다. 미국 영어에서는 이 경우에 he와 not 사이에 should가 생략되어서 그렇게 보이는 것이죠.

이러한 현상은 It is + important [중요한], necessary

[필요한], essential [본질적인], imperative [필수불가결한], desirable [바람직한], urgent [긴급한] 다음에 'that + 주어 + 동사'의 형태일 때도 마찬가지로 영국 영어는 that 뒤의 주어와 동사 사이에 should를 표기하지만 미국 영어에서는 should 없이 'that + 주어 + 동사'의 형태로 표기합니다.

그래서 '그녀가 비밀을 지키는 것이 중요합니다.' 라는 문장은 영국 영어에서는 It is important that she should keep the secret.이라고 표현하지만 미국 영어에서는 중간에 should가 생략되어 It is important that she keep the secret.이 됩니다.

영국 영어 (should 표기)	미국 영어 (should 생략)
I would suggest that Tom should go to the conference.	I would suggest Tom go to the conference.
I recommend that all of you should be here on time.	I recommend that all of you be here on time.
It is essential that the students should study hard.	It is essential that the students study hard.
It is desirable that the chef should not cook today.	It is desirable that the chef not cook today.

영국 영어에서의 have와
미국 영어에서의 take 사용

미국 영어에서는 동사 take를 활용해서 take a shower(샤워하다), take a bath(목욕하다), take a rest(휴식하다)처럼 표현합니다. 하지만 이러한 것들이 영국 영어에서는 동사 have를 활용해서 have a shower(샤워하다), have a bath(목욕하다), have a rest(휴식하다)로 표현합니다.

영국 영어 (have 사용)	미국 영어 (take 사용)
I would like to have a bath.	I would like to take a bath.
He is having a shower.	He is taking a shower.
You can have a nap if you feel tired.	You can take a nap if you feel tired.
You need to have a rest now.	You need to take a rest now.
They will have a long holiday this year.	They will take a long vacation this year.

영국 영어의 Go and get some water.와
미국 영어의 Go get some water.의 차이

'가서 ~해' 또는 '와서 ~해' 같은 표현을 영어로 쓸 때 영국 영어에서는 Go and get some water. Come and see me.처럼 go와 come 다음에 반드시 접속사 and를 표기하고 그 다음에 동사를 적습니다. 하지만 미국 영어에서는 이러한 상황에서 접속사 and를 생략하고 Go get some water. 또는 Come see me.처럼 두 개의 동사를 이어서 표기합니다.

영국 영어 (and 사용)   미국 영어 (and 생략)

You can go and have a rest now.   You can go take a rest.
Go and buy some food for lunch.   Go buy some food for lunch.
You can come and see what I bought. You can come see what I bought.
Come and talk with Jamie.   Come talk with Jamie.

☞ 영국 영어 needn't와 미국 영어 don't need to의 차이

영국에서는 need not을 줄여 needn't처럼 표현할 수 있습니다. 하지만 needn't는 미국인들에게는 매우 어색하게 보이는 표현이죠. 영국인들에게 needn't는 일상회화에서 매우 익숙한 표현이지만 미국 영어에서는 needn't를 사용하지 않고 항상 don't need to 또는 doesn't need to 로 표현해야 합니다.

영국 영어   미국 영어
(needn't 사용)   (don't/doesn't need to 사용)

People needn't pay any money for the concert.   People don't need to pay any money for the concert.

You needn't bring anything to the meeting.   You don't need to bring anything to the meeting.

Students needn't go to school today.   Students don't need to go to school today.

She needn't be in a hurry to go home.   She doesn't need to be in a hurry to go home.

☞ 영국 영어 shall과
미국 영어 will / should의 차이

영국 영어에서 shall은 많은 경우에서 will을 대신하여 쓰일 수 있습니다. 주로 말하는 사람이 행동을 할 의지가 확실하게 있을 때는 I shall play soccer today. 또는 I will play soccer today.처럼 표현이 가능합니다. 하지만 미국 영어는 이러한 상황에서 shall은 잘 쓰이지 않으며 보통 will만을 사용하여 I will play soccer today.로 표현합니다. shall not의 줄임말은 shan't로 영국 영어에서 종종 사용하지만 우리나라 사람들과 미국인에게는 그다지 익숙하지 않은 표현입니다. 미국 영어에서는 shan't 대신에 will not의 줄임말인 won't를 더 많이 사용합니다.

영국 영어 shall/will	미국 영어 will
I shall/will be there on time.	I will be there on time.
I shall/will not play on the stage tonight.	I will not play on the stage tonight.
We shall/will see you tomorrow.	We will see you tomorrow.
They shan't /won't go on a picnic this weekend.	They won't go on a picnic this weekend.

미국 영어에서는 영국 영어에서 shall을 쓰는 대부분의 경우 will을 대신해 사용합니다. 예외적으로 영국 영어와 미국 영어 모두 shall을 사용하는 경우는 다음과 같습니다.

1. Let's로 시작되는 영어 표현에서 '그렇지?', '내 말이 맞지?' 같은 확인을 요청하는 부가 의문문을 만들 때
   Let's play dance! Shall we? 우리 같이 춤추자! 춤 출 거지?
   Let's take a break! Shall we? 잠깐 쉬자! 그럴 거지?

2. 법률 문서, 계약서, 약정서 등의 공식 문서에서 shall은 종종 반드시 지켜야 할 의무를 부여할 때 쓰이고 shall not은 반드시 하지 말아야 할 행동을 명시할 때 쓰입니다.
   The seller shall supply the quantity of goods stated on the agreement within 10 days.
   The buyer shall not market or resell the purchased goods without the seller's permission.

영국 영어에서 shall의 의문문은 반드시 뒤에 I 또는 we가 나와야 하며 '해도 돼?' 또는 '~할까?'로 해석합니다. Shall I ask you to come with us? 는 '너에게 우리랑 같이 가자고 물어봐도 돼?'가 되고 Shall we go home?은 '우리 집에 갈까?'이죠. 미국 영어에서는 Shall I/we 표현은 잘 쓰지 않고 이 경우에는 shall 대신에 should를 써서 Should I ask you to come with us? 그리고 Should we go home?처럼 써야 합니다.

영국 영어 shall	미국 영어 should
Shall I open the window?	Should I open the window?
Shall I put my bags on your desk?	Should I put my bags on your desk?
Shall we visit the house tonight?	Should we visit the house tonight?
Shall we bring a gift to his birthday party?	Should we bring a gift to his birthday party?

☞ 영국 영어와 미국 영어의 전치사 활용의 차이

영국 영어와 미국 영어에서 같은 문장이지만 다른 전치사를 사용하는 경우들이 있습니다.

첫 번째로, '주말에' 라는 영어 표현은 영국 영어에서는 at the weekend라고 하지만, 미국 영어에서는 on the weekend라고 합니다. '길에서'라는 표현은 영국 영어에서는 in the street라고 하지만 미국 영어에서는 on the street라고 합니다.

'집에서', '학교에서'는 영국과 미국 모두 at home, at school이라고 하지만 '중학교에서', '고등학교에서', '대학교에서'를 영국 영어는 at middle school, at high school, at university라고 하지만 미국 영어에서는 in middle school, in high school, in college라고 합니다.

'~와 다른' 이란 표현은 영국 영어에서는 different from ~ 또는 우리에게는 익숙하지 않은 different to ~라고 하지만 미국 영어에서는 different from ~과 different than ~이라고 합니다.

영국 영어에서는 I will write a letter to her.로 표기하여 write 다음에 to가 항상 나오지만 미국 영어에서는 I will write her a letter.처럼 to 없이 바로 write her로 표기합니다.

영국 영어에서는 'Tom을 만나다' 라는 표현은 우연히 만나든, 의도하고 준비해서 만나든 meet Tom이라고 합니다. 하지만 미국 영어에서는 우연히 만났을 때만 meet Tom이라고 하고 준비된 일정에 따라 만나 경우에는 meet with Tom이라고 합니다.

아래의 표는 영국 영어와 미국 영어가 전치사를 다르게 활용하는 경우들입니다.

영국 영어 (전치사 추가)		미국 영어 (전치사 없음)
cater for a wedding	결혼식에 음식을 공급하다	cater a wedding
write to her	그녀에게 글을 쓰다	write her
meet him (우연히 + 의도하고)	그를 만나다	(우연히) meet him
		(의도하고) meet with him
play in a team	팀에서 뛰다	play on a team
enrol on a course	수강 등록하다	enroll in a course
at the weekend	주말에	on/during/over the weekend
different from/to	~와 다른	different from/than
call/ring on (02) 123-4567	(02) 123-4567에 전화하다	call/ring at (02) 123-4567
start from Monday	월요일에 시작하다	start on Monday
fill in a form	양식을 작성하다	fill out a form
Monday to Friday	월요일부터 금요일까지	Monday through Friday
a week today tomorrow	오늘 내일부터 한 주	a week from today tomorrow

I would

that Tom s

the con

I would *sug*

to the cc

suggest
hould go to
erence.

uest Tom go
nference.

Practice

아래의 스크립트를 보고 같은 내용이지만 영국인과 미국인이 어떻게 다르게 표현을 하는지 직접 확인해 보세요.

영국 영어   Dear Ms Jenkins,

I am <u>writing this letter to you</u> to thank you for allowing me to <u>have a long holiday</u> this month.

My <u>family are</u> very excited to <u>have a rest</u> with me <u>for two weeks</u>. As you know, <u>I have got</u> two sons and one daughter. We <u>have just decided</u> to go on a trip to Las Vegas in the US this weekend. My wife <u>has already booked</u> a hotel today and we are going to <u>go and visit</u> my brother living in Las Vegas as well. My brother runs three restaurants in Las Vegas and <u>he has got a good idea</u> to collaborate with you. <u>He has already suggested</u> that <u>our company should supply</u> some ingredients to his restaurants. I think you <u>needn't meet</u> my brother in person at this time. I <u>shall listen</u> to my brother's idea and let you know when I get back to work.

Although I am out of our office <u>on holiday</u>, you <u>can call me on</u> (012) 345-6789 any time <u>Monday to Friday</u>, but keep in mind that the time zone in Las Vegas is <u>different to</u> the UK.

Once again, thank you for your generous offer and I will see you when I get back to work.

Best regards,
Marc Morris

Dear Ms. Jenkins,　　　미국 영어

I am writing you this letter to thank you for allowing me to take a long vacation this month.

My family is very excited to take a rest with me for two weeks from today. As you know, I have two sons and one daughter. We just decided to go on a trip to Las Vegas in the U.S. this weekend. My wife already booked a hotel today and we are going to go visit my brother living in Las Vegas as well. My brother runs three restaurants in Las Vegas and he has a good idea to collaborate with you. He already suggested that our company supply some ingredients to his restaurants. I don't think you need to meet with my brother in person at this time. I will listen to my brother's idea and let you know when I get back to work.

Although I am out of our office for vacation, you can call me at (012) 345-6789 any time Monday through Friday, but keep in mind that the time zone in Las Vegas is different than in the UK.

Once again, thank you for your generous offer and I will see you when I get back to work.

Best regards,
Marc Morris

영국 영어 vs. 미국 영어: 철자 및 영어 표기의 차이

영국 영어와 미국 영어의 철자법 유래

영국에서 시작된 영어는 15세기에 이르러 활자 인쇄 기술과 출판업이 발달하고 다양한 서적이 대중에게 보급되면서부터 사람들은 각 영어 단어들의 표기를 동일하게 해야 하는 필요성을 느끼게 되었습니다. 영국은 1775년에 출간된 사무엘 존슨(Samuel Johnson)의 『Dictionary of English Language』에서 어원과 발음을 중심으로 한 40,000여 단어들을 일관된 철자법 기준으로 정리하였고, 미국은 1828년에 출간된 노아 웹스터(Noah Webster)의 『An American Dictionary of English Language』를 기반으로 70,000여 단어들의 철자법과 의미가 정립되었습니다. 웹스터는 철자 규칙을 보다 일관되게 간소화하여 이때부터 영국 영어의 colour가 미국 영어에서는 color로, centre가 center로 바뀌어 표기되기 시작하였습니다.

그 이후 영국에서는 캠브리지 대학 출판사(Cambridge University Press)와 옥스포드 대학 출판사(Oxford English Pressing)를 중심으로 현대 영국 영어의 철자법에 대한 개념이 확고하게 정립되었고 미국에서는 노아 웹스터의 사전을 지속적으로 발전시킨 메리엄 웹스터(Merriam-Webster) 등의 대형 출판사를 중심으로 하여 현대 미국 영어를 특징 짓는 철자법이 정립되었습니다.

한국인에게는 미국 영어의 철자 표기법이 좀 더 익숙하지만 대한민국 내에서도 교보문고를 영어로 Kyobo Book Centre라고 표기하는 것처럼 영국 영어로 표기된 단어들 또한 종종 볼 수 있습니다.

☞ 영국 영어와 미국 영어의 과거동사
표기의 차이 (영국: 동사+t, 미국: 동사+ed)
아래 동사의 경우, 영국 영어에서는 동사 뒷부분에 -t를 붙여서 과거동사를 만들지만 미국 영어에서는 일반적으로 -ed를 붙입니다. 하지만 오늘날의 영국 영어에서는 아래의 과거동사 단어들도 마지막에 -t 대신 미국 영어처럼 –ed를 붙여서도 많이 사용하고 있습니다.

영국 영어 (현재-과거동사)	미국 영어 (현재-과거동사)
burn – burnt (burned)	burn - burned
dream – dreamt (dreamed)	dream - dreamed
learn – learnt (learned)	learn – learned
leap – leapt (leaped)	leap - leaped
smell – smelt (smelled)	smell - smelled
spill – spilt (spilled)	spill - spilled
spell – spelt (spelled)	spell –spelled
spoil – spoilt (spoiled)	spoil - spoiled

I've *dream*
building wl
like a *sp*

I've *drea*
burned
where it *sn*
spoile

of a *burnt*
ere it *smelt*
ilt soup.

med of a
building
elled like a
soup.

Practice

아래 미국 영어의 밑줄 친 부분에 대응하는 단어를 영국식 철자로 적어보세요.

미국 영어

I've <u>dreamed</u> of a <u>burned</u> building where it <u>smelled</u> like a <u>spoiled</u> soup. Since then, I've learned to check the <u>spilled</u> materials such as oils twice in case of such catastrophe. I once again have <u>leaped</u> up from a young kid who couldn't have <u>spelled</u> my very own name to a decent adult.

꿈에서 상한 국물 냄새가 나는 불탄 건물을 보았다. 그 이후로, 나는 이런 재난이 발생할 경우에 대비해 기름과 같이 유출될 수 있는 물질은 두 번 점검하는 법을 배웠다. 나는 다시 한 번 내 자신의 이름조차 올바른 철자도 못 적던 어린 아이에서 품위 있는 성인으로 성장하였다.

영국 영어

I've _____ of a _____ building where it _____ like a _____ soup. Since then, I've _____ to check the _____ materials such as oils twice in case of such catastrophe. I once again have _____ up from a young kid who couldn't have _____ my very own name to a decent adult.

영국 영어 our vs. 미국 영어 or

영국 영어에서 colour처럼 our로 표기된 단어들은 미국 영어에서는 그 철자의 표기가 간소화되어 color처럼 or로 표기하고 있습니다.

영국 영어	한국어	미국 영어
colour	색	color
honour	영광, 존경	honor
odour	악취	odor
parlour	응접실	parlor
behaviour	행위	behavior
humour	유머, 익살	humor
rumour	소문	rumor
harbour	항구	harbor
labour	노동	labor
neighbour	이웃	neighbor
favourite	좋아하는	favorite
flavour	맛	flavor
mould	틀, 곰팡이	mold

Practice

아래 미국 영어의 밑줄 친 부분에 대응하는 단어를 영국식 철자로 적어보세요.

미국 영어   After such hard <u>labor</u>, all the <u>neighbors</u> partici-
pated in a feast held by the richest man in the
<u>harbor</u>. The <u>honored</u> chef produced a dish with
such a strange <u>color</u>, the <u>odor</u> wasn't good either,
and then walked out of the <u>parlor</u>. The <u>rumor</u>
seemed to have been true that not only the
<u>behavior</u> of the chef was <u>humorous</u> but also the
<u>flavor</u> of the dish, too.

각고의 노력을 한 후에, 모든 이웃 사람들이 항구의 최고 갑부가 여는 잔치에 참석했다. 추앙 받던 주방장은 아주 이상한 색의 요리를 만들었는데, 그 냄새도 좋지 않았다. 그리고 나서 주방장은 응접실에서 나왔다. 주방장의 행동뿐 아니라 요리의 맛까지 익살맞던 그 소문은 사실인 것 같았다.

영국 영어   After such hard _____, all the _____ partici-
pated in a feast held by the richest man in the
_____. The _____ chef produced a dish
with such a strange _____, the _____ wasn't good
either, and then walked out of the _____. The
_____ seemed to have been true that not only
the _____ of the chef was _____ but also
the _____ of the dish, too.

☞ 영국 영어 re vs. 미국 영어 er

영국 영어에서 centre처럼 마지막에 re로 표기하는 단어들은 미국 영어에서는 발음되는 소리와 비슷한 철자인 er로 바뀌어 center로 표기합니다. 단, 음색을 의미하는 timbre는 아직까지도 영국과 미국이 동일하게 표기하며 영국과 미국 모두 timber로 표기하면 '목재'를 의미하는 다른 뜻의 단어가 됩니다.

영국 영어	한국어	미국 영어
centre	중심	center
theatre	극장	theater
metre	미터	meter
fibre	섬유	fiber
litre	리터	liter

Practice

아래 미국 영어의 밑줄 친 부분에 대응하는 단어를 영
국식 철자로 적어보세요.

미국 영어　　In the <u>center</u> of the mall was an old <u>theater</u>, the
5-<u>meter</u>-sized width entrance was such an awe
to young kids visiting the place. There, a 2-<u>liter</u>
bottle of water was provided which advertisements
claimed not to contain any <u>fiber</u>.

쇼핑몰 한복판에는 그곳을 방문하는 어린 아이들
에게 엄청난 압도감을 주는 5미터 폭의 출입문이
있는 오래된 극장이 있었다. 그곳에서는 2리터의
물병이 제공되었는데, 광고에서는 그 물 안에는 섬
유질이 전혀 들어 있지 않다고 했다.

영국 영어　　In the ＿＿＿ of the mall was an old ＿＿＿, the
5-＿＿＿-sized width entrance was such an awe
to young kids visiting the place. There, a 2-＿＿
bottle of water was provided which advertisements
claimed not to contain any ＿＿.

☞ 영국 영어 ce vs. 미국 영어 se

영국 영어에서 licence처럼 마지막에 ce로 표기하는 단어들은 미국 영어에서는 se로 바뀌어 license로 표기합니다. 하지만 단어들에 licensure [면허교부], defensive [방어적인], offensive [공격적인], pretension [가식]처럼 접미사가 붙게 되면 영국 영어 또한 철자가 c에서 s로 바뀌게 되니 주의하셔야 합니다.

또한, 예외적으로 '연습하다'를 영국 영어에서는 practise로 표기하고 미국 영어에서는 practice로 하니 주의해야 합니다.

영국 영어	한국어	미국 영어
licence	자격증	license
defence	수비	defense
offence	공격	offense
pretence	가식, ~인 체함	pretense

Practice

아래 미국 영어의 밑줄 친 부분에 대응하는 단어를 영국식 철자로 적어보세요.

미국 영어   The violent driver, who turned out to be the offense player of the team, showed the police officer his license, while showing the pretense of not having drunk any alcoholic beverage with a defense player sitting in the back of the car.

그 팀의 공격수로 밝혀진 난폭 운전자는 차 뒷좌석에 앉아서 한 수비수와 함께 술을 한 잔도 마시지 않은 체하는 모습을 보였다.

영국 영어   The violent driver, who turned out to be the _____ of the team, showed the police officer their _____, while showing the _____ of not having drunk any alcoholic beverage as their _____, while they were sitting in the back of the car.

☞ 영국 영어 ise vs. 미국 영어 ize

영국 영어에서 realise처럼 마지막에 ise로 표기하는 단어들은 미국 영어에서는 ize로 바뀌어 realize로 표기합니다. 이러한 단어들의 표기 방식은 접미사를 붙여서 명사형으로 변화하더라도 영국 영어는 realisation, 미국 영어는 realization이 되는 것처럼 표기하는 방식은 일관되게 적용됩니다.

영국 영어	한국어	미국 영어
apologise	사과하다	apologize
realise	알아차리다	realize
minimise	최소화하다	minimize
recognise	인식하다	recognize
appetiser	애피타이저	appetizer
familiarise	익숙하게 하다	familiarize
organise	정리하다	organize

Practice

아래 미국 영어의 밑줄 친 부분에 대응하는 단어를 영국식 철자로 적어보세요.

미국 영어

Soon after the <u>appetizers</u> were provided, people <u>realized</u> that they had to <u>apologize</u> to each other if they wanted to <u>minimize</u> the impact of what had just happened among themselves. The <u>organization</u>, which worked really hard to <u>familiarize</u> the members with one another, admitted that they have somewhat failed in what they had intended.

애피타이저가 제공된 직후, 사람들은 그들 사이에서 방금 일어난 일의 여파를 최소화하기 위해서 서로 사과를 해야 한다는 것을 깨달았다. 회원들의 친목 도모에 정말 열심이었던 이 단체는 그들이 의도했던 것에 다소 실패했음을 인정했다.

영국 영어

Soon after the _____ were provided, people _____ that they had to _____ to each other if they wanted to _____ the impact of what had just happened among themselves. The _____, which worked really hard to _____ the members with one another, admitted that they have somewhat failed in what they had intended.

영국 영어 que, gue vs. 미국 영어 k, ck, g

영국 영어에서 dialogue처럼 마지막을 ue로 표기하는 단어들은 미국 영어에서는 ue를 발음에 혼동을 주는 불필요한 요소로 보고 없애버려서 dialog로 표기합니다. 이렇듯 영국 영어에서 que나 gue로 표기되는 단어들은 미국 영어에서는 발음에 맞게 간소화되어 k, ck, g로 표기해야 합니다. 예를 들면 수표는 영국에서는 cheque로 표기하지만 미국 영어에서는 check가 됩니다.

하지만 예외적으로 프랑스어에서 유래된 unique [독특한], boutique [양품점], technique [기술], antique [골동품], fatigue [피로], intrique [흥미를 유발하다, 음모] 같은 단어들은 영국과 미국 모두 동일하게 마지막 부분을 ique와 igue로 표기해야 합니다

영국 영어	한국어	미국 영어
cheque	수표	check
analogue	아날로그	analog
prologue	시작하는 말	prolog
epilogue	끝맺음 말	epilog
dialogue	대화	dialog
monologue	독백	monolog
catalogue	카탈로그	catalog

Practice

아래 미국 영어의 밑줄 친 부분에 대응하는 단어를 영국식 철자로 적어보세요.

미국 영어

Right after the <u>checks</u> were provided, each of people started out the <u>prolog</u>, spoke out the <u>dialog</u> as they had practiced at home in <u>monolog</u>, and ended it with the <u>epilog</u>, just like what was written on the <u>catalog</u>, without showing any anxiety.

수표가 제공된 직후에 사람들은 각자 운을 띄우기 시작해 집에서 독백으로 연습한 대로 대화문을 내뱉은 다음에 카탈로그에 적힌 맺음말로 마무리했는데 전혀 불안하게 보이지 않았다.

영국 영어

Right after the _____ were provided, each of people started out the _____, spoke out the _____ as they had practiced at home in _____, and ended it with the _____, just like what was written on the _____, without showing any anxiety.

☞ 영국 영어 ll vs. 미국 영어 l

보통 영어 단어가 l로 끝나고 그 뒤에 -ed, -ing, -er, -or 같은 접미사가 붙으면 영국 영어는 traveller처럼 접미사 앞부분에 l을 두 개를 적고 미국 영어는 traveler처럼 접미사 앞부분에 l을 한 개로 적습니다.

영국 영어	한국어	미국 영어
cancelled	취소되었다	canceled
dialled	전화 걸었다	dialed
fuelling	연료 공급	fueling
modelling	모델링, 모형 제작	modeling
traveller	여행가	traveler
jewellery	보석류, 장신구	jewelry
marvellous	경이로운	marvelous
counsellor	상담사	counselor

Practice

아래 미국 영어의 밑줄 친 부분에 대응하는 단어를 영국식 철자로 적어보세요.

미국 영어   His <u>traveler</u> <u>dialed</u> the <u>jewelry</u> shop and <u>canceled</u> the meeting. The perplexed <u>counselor</u> called back the <u>traveler</u> to <u>apologize</u> for their mistake in the process of <u>fueling</u> and <u>modeling</u> the <u>marvelous</u> <u>jewelry</u>-making machine.

여행자가 보석상에 전화를 걸어 회의를 취소했다. 당황한 상담원은 놀라운 보석 세공 기계의 연료 주입과 모형 제작 과정에서의 그들의 실수를 사과하려고 여행자에게 다시 전화를 걸었다.

영국 영어   His _____ _____ the _____ shop and _____ the meeting. The perplexed _____ called back the _____ to _____ for their mistake in the process of _____ and _____ the _____ _____-making machine.

☞ 영국 영어 l vs. 미국 영어 ll

위의 예와 반대의 경우로 아래의 단어는 영국 영어에서는 enrol, skilful처럼 단어에 알파벳 l을 한 개 표기하지만 미국 영어에서는 enroll, skillful 처럼 l을 두 개로 적습니다.

영국 영어	한국어	미국 영어
enrol	등록하다	enroll
fulfil	충족시키다	fulfill
skilful	숙련된	skillful
wilful	고의적인, 고집 센	willful
instalment	할부, 분할납입	installment

Practice

아래 미국 영어의 밑줄 친 부분에 대응하는 단어를 영국식 철자로 적어보세요.

미국 영어

The <u>skillful</u> students who <u>enroll in</u> the college <u>fulfill</u> the requirements. Also, their <u>willful</u> parents are ready to pay the fee, even if it meant they had to pay through <u>installment</u>.

대학에 입학한 실력 있는 학생들은 자격 요건을 충족시킵니다. 또한, 의욕 넘치는 그들의 부모들은 할부로 학비를 지불해야 한다는 것을 의미하더라도, 그 비용을 지불할 준비가 되어 있습니다.

영국 영어

The _____ students who _____ the college _____ the requirements. Also, their _____ parents are ready to pay the fee, even if it meant they had to pay through _____ .

☞ 복합명사의 형태의 차이:

영국 영어 ~ing+명사 vs. 미국 영어 명사+명사

복합 명사의 경우 영국 영어의 일부 단어들은 앞에 있는 명사를 동명사 형태(ing)로 표기하지만 미국 영어에서는 원래 명사의 형태 그대로 합성하여 새로운 의미의 단어를 만듭니다. 이러한 패턴은 모든 복합 명사에 해당되는 것은 아니며, 아래와 같은 경우 영국 영어와 미국 영어에서 다른 형태로 만들어지는 단어들의 예입니다.

영국 영어	한국어	미국 영어
frying pan	프라이팬	fry pan
racing car	경주용차	race car
rowing boat	(노를 젓는) 보트	row boat
sailing boat	범선	sailboat
swimming costume	수영복	swimsuit
skipping rope	줄넘기	jump rope

Practice

아래 미국 영어의 밑줄 친 부분에 대응하는 단어를 영국식 철자로 적어보세요.

미국 영어

"Honey, we need a new <u>fry pan</u> for Tom" shouted the woman in a <u>swimsuit</u> in the <u>row boat</u>. "We don't need to buy it! We just need to buy a <u>race car</u> and a <u>jump rope</u> Tom's aspired!" shouted the man in another <u>row boat</u>.

"여보, Tom이 쓸 새 프라이팬이 필요해요!"라고 노 젓는 배에서 수영복을 입은 여자가 소리쳤다. "우리 그걸 사지 않아도 돼요! 우린 그냥 Tom이 갖고 싶어 했던 경주용 차 한 대랑 줄넘기 한 개만 사면 돼요!" 다른 노 젓는 배에 있던 남자가 소리쳤다.

영국 영어

"Honey, we need a new _____ for Tom!" shouted the woman in a _____ in the _____. "We needn't to buy it! We just need to buy a _____ and a _____ Tom's aspired!" shouted the man in another _____.

☞ 기타 철자가 다른 단어들

영국 영어	한국어	미국 영어
aeroplane	비행기	airplane
aesthetic	미적인, 미학	esthetic
encyclopaedia	백과사전	encyclopedia
diarrhoea	설사	diarrhea
grey	회색	gray
tyre	타이어	tire
pyjamas	파자마	pajamas
aluminium	알루미늄	aluminum
programme	프로그램	program
draught beer	생맥주	draft beer

Practice

아래 미국 영어의 밑줄 친 부분에 대응하는 단어를 영국식 철자로 적어보세요.

미국 영어　　On the gray airplane heading to the U.K., a boy in pajamas in the front seat was looking for the missing tire from his toy car. At the right side, an old woman was having a conversation with her daughter who said "If you read the encyclopedia, draft beer can sometimes cause you to have diarrhea. TV programs, however, seem not to agree that such magical water in aluminum cans could hurt you."

영국행 회색 비행기, 앞 좌석에서 파자마를 입은 한 소년이 그의 장난감 차에서 빠진 타이어를 찾고 있었다. 오른편에 있던 한 할머니가 딸과 대화를 나누었는데, 딸이 이렇게 말했다. "백과사전을 읽어보면 생맥주가 가끔 설사를 일으킬 수 있다고 해. 하지만 TV 프로그램에서는 알루미늄 캔에 담긴 마법의 물(맥주)이 사람들에게 몸에 안 좋을 수 있다는 사실에 동의하지 않는 것 같아."

영국 영어　　On the ＿＿ ＿＿＿ heading to the ＿＿, a boy in ＿＿＿ in the front seat was looking for the missing ＿＿ from his toy car. At the right side, an old woman was having a conversation with her daughter who said "If you read the ＿＿＿＿＿, ＿＿ beer can sometimes cause you to have ＿＿＿. TV ＿＿＿＿, however, seem not to agree that such magical water in ＿＿＿＿ cans could hurt you."

약자 표기의 차이점

약자를 표기할 때 영국 영어에서는 약자 단어 뒤에 마침표를 표기하지 않지만 미국 영어에서는 약자 단어 뒤에 마침표를 표기해야 합니다. 하지만 미국에서도 공식 문서를 제외한 격식이 없는 글이나 잡지, 신문 기사 내용에서 나오는 약자들은 편의상 그리고 영어 문장 중간에 마침표가 있으면 시각적으로 문장이 종결됐다는 느낌을 주기에 마침표를 찍지 않고 사용할 때도 많습니다.

약자 중에서도 미국 영어에서는 mister (Mr.), doctor (Dr.)처럼 첫 번째 철자와 마지막 철자를 이용해서 줄이는 단어들은 줄임말 마지막에 마침표를 표기하지만 영국 영어에서는 표기하지 않습니다.

하지만 professor를 Prof. 로 줄이는 것처럼 단어의 첫 음절을 그대로 써서 줄이는 경우에는 미국 영어와 영국 영어 모두 마지막에 마침표를 표기해 줍니다.

영국 영어	한국어	미국 영어
Mr	남성 존칭	Mr.
Ms	여성 존칭	Ms.
Dr	의사, 박사	Dr.
UK	영국	UK
USA	미국	U.S.A.
PhD	철학박사	Ph.D.
MD	의학박사	M.D.

Practice

아래 미국 영어의 밑줄 친 부분에 대응하는 단어를 영국식 철자로 적어보세요.

미국 영어   <u>Mr.</u> Smith and <u>Ms.</u> Johnson, a married couple from <u>U.S.A.</u> are going to meet <u>Dr.</u> Kim and <u>Prof.</u> Bowman from <u>U.K.</u> today. <u>Dr.</u> Kim is an <u>M.D.</u> at ABC hospital. <u>Prof.</u> Bowman is a researcher at Kingstown College and she received her <u>Ph.D.</u> degree at Midwest University in <u>U.A.E.</u>

미국에서 부부 동반으로 오신 Smith 선생님과 Johnson 여사님은 영국에서 오신 Kim 박사님과 Bowman 교수님을 오후 6시에 만날 예정입니다. Kim 박사님은 ABC병원 의사십니다. Bowman 교수님은 Kingstown 대학 연구원이며 박사 학위를 아랍에미리트에 있는 Midwest University에서 받으셨습니다.

영국 영어   ___ Smith and ___ Johnson, a married couple from _____ are going to meet ___ Kim and ___ Bowman from ___ _____ ___ Kim is an _____ at ABC hospital. ___ Bowman is a researcher at Kingstown College and she received her _____ degree at Midwest University in _____

숫자 및 날짜 표기법 차이

숫자를 말할 때 영국 영어에서는 보통 2019는 two thousand and nineteen처럼 중간에 and를 표기하지만 미국 영어는 two thousand nineteen처럼 and를 넣지 않고 쓰는 경향이 있습니다. 여러 개의 숫자가 나열될 경우, 영국 영어에서는 있는 그대로 읽는 편이지만, 미국 영어에서는 두 자리씩 끊어서 읽기도 합니다. 예를 들면 375은 영국 영어에서는 three seven five라고 읽지만 미국 영어에서는 three seventy-five라고 하는 것을 선호합니다.

네 자리 숫자의 경우에는 흥미롭게도 영국 영어에서는 1,900 이하의 숫자들은 미국 영어와 마찬가지로 1,200을 twelve hundred라고 하는 것처럼 두 자리씩 끊어서 말합니다. 하지만 1,900 이상의 숫자의 경우에는 미국 영어는 3,200을 thirty-two hundred라고 줄여서 말하지만 영국 영어에서는 three thousand and two hundred처럼 정확한 숫자를 말합니다.

0은 영국 영어에서는 zero, nought, oh, nil처럼 다양한 단어를 쓰지만 미국 영어에서는 zero, oh만을 사용합니다.

영국 영어	숫자	미국 영어
five two one	521	five twenty-one
one thousand, two hundred and thirty-four	1,234	One thousand, two hundred thirty-four
twelve thirty-four	1234	twelve thirty-four
eight thousand, seven hundred and sixty-five	8,765	eight thousand, seven hundred sixty-five
		eighty-seven sixty-five
zero, nought, oh, nil	0	zero, oh
three-nil	3 대 0 (3-0)	three to nothing

영국 영어는 특정 날짜를 말할 때 2 of October 처럼 '일 of 월'의 형태를 선호하지만 미국 영어에서는 October 2 단순하게 '월 + 일'로 표현하는 것을 더 선호합니다.

　영국 영어에서는 숫자로 날짜를 표기할 때는 일/월/년 순으로 표기하여 2018년 2월 8일은 8/2/2018이 되지만, 미국 영어에서는 월/일/년 순으로 표기하여 2/8/2018로 표기합니다.

영국 영어	날짜	미국 영어
7th of December	12월 7일	December 7
8/6/2012	2012년 6월 8일	6/8/2012

기타 추천 자료

6

언어의 효율적 학습

영어 공부는 여러 분야로 나뉠 수가 있습니다. 스피킹, 리스닝, 리딩, 라이팅 등 여러 분야의 학습능력이 합쳐져서 한 사람의 영어 실력을 정의하는 것이죠. 이렇게 언어를 공부할 때 각 영역은 독자적이 아닌 다른 영역에 영향을 끼치고 또 영향을 받습니다. 예를 들어, 스피킹을 잘하는 사람은 말하고 싶은 구문의 틀을 만드는 문법 능력이 탁월하고, 어휘력이 탄탄합니다. 또 자신이 아는 어휘를 적절하게 알아듣고 정확하게 발음할 수 있지요. 이 모든 학습 정보들이 융화되어 스피킹을 잘할 수 있게 되는 것입니다.

영국 영어와 미국 영어를 학습하는데 있어서도 이러한 다양한 학습영역들을 효율적으로 알려주는 곳이 많습니다. 다음 추천하는 웹사이트와 어플리케이션을 통해서 효율적으로 영어를 공부해 보세요.

BBC Learning English

http://www.bbc.co.uk/learningenglish/
https://www.youtube.com/user/bbclearningenglish

영국의 BBC 방송국은 온라인 사용자들을 위해 자사 보도자료들을 웹사이트(http://www.bbc.co.uk)에 정리해 놓고 있습니다. 이 사이트에는 뉴스 외에도 언어를 배우는 데에 도움을 주는 섹션이 따로 존재합니다. 일상회화 표현들이나 특정 상황에서 활용할 수 있는 여러 영어 관련 tip들을 제공합니다. 스크립트를 읽으면서 대화 내용을 들을 수 있기 때문에 리스닝과 독해 능력을 동시에 향상시킬 수 있는 데에 도움이 됩니다. 영어 사용에 필요한 영문법 지식을 카드 뉴스의 형태로 제공하여 궁금했던 점을 영어로 배워볼 수 있습니다. 발음 파트에서는 평소 헷갈리는 부분을 동영상과 예문들을 통해서 함께 연습할 수 있도록 도와줍니다. 어휘 파트에서는 어휘의 접두사, 접미사 같은 심층적인 공부에서부터 보통 접하지 못했을 법한 고급 단어, 그리고 꼭 알고 있어야 하는 필수 단어 등에 대해서 스크립트로 제공하고 의미를 파악해보도록 도와줍니다. 직장인들을 위한 비즈니스 영어 파트도 따로 준비되어 있어서 사람들이 실질적으로 사용하는 대화를 읽어보고 연습할 수 있습니다.

BBC Learning English는 웹사이트뿐 아니라 모바일 앱을 통해서도 무료로 영어학습 콘텐츠를 이용할 수 있습니다.

British Council Learn English

https://learnenglish.britishcouncil.org/
https://www.youtube.com/user/BritishCouncilLE

영국문화원으로 잘 알려진 British Council은 영국 영어의 어학교육과 관련해서 전 세계 6대륙 100여 곳에서 아동부터 성인까지를 대상으로 하는 어학 교육센터를 운영하고 있으며, 또 영어권 국가 유학 및 이민에 필요한 IELTS (International English Language Test System) 시험을 주관하고 운영하고 있습니다. 웹사이트와 유튜브 동영상 콘텐츠 뿐만 아니라 다양한 종류의 유·무료 모바일앱을 출시하여 저렴한 비용으로 영국 영어를 학습할 수 있는 기회를 제공하고 있습니다.

Cambridge Assessment English

https://www.cambridgeenglish.org/learning-english
https://www.youtube.com/user/cambridgeenglishtv

Cambridge Assessment는 영국문화원과 함께 IELTS 시
험을 관리하고 있으며 웹사이트를 통해서 아동부터 성
인에 이르기까지 영국 영어와 관련된 85개에 이르는 다
양한 종류의 영어학습 액티비티를 제공하고 있습니다.
아동영어의 경우에는 재미있게 언어를 학습할 수 있는
게임 기반의 영어학습도 가능합니다.

VOA Learning English

미국 영어

https://learningenglish.voanews.com/
https://www.youtube.com/user/VOALearningEnglish

미국의 공영방송국인 Voice Of America (VOA)에서 제
공하는 무료 영어학습 사이트로 영어가 모국어가 아닌
외국인들을 대상으로 하여 미국에 대한 정보를 제공하
고, 다양한 분야의 뉴스 동영상과 오디오 스크립트 및
영어 학습 동영상 콘텐츠를 유튜브에서 주제별 및 수준
별로 나누어서 지속적으로 업데이트하고 있습니다.

wikiHow

https://www.wikihow.com/
https://www.youtube.com/user/WikiHow

wikiHow에서는 단순히 영어에 대한 지식을 알려주는 것이 아니라 일상 생활에서 필요한 다양한 tip을 알려주는 과정을 영어를 통해서 배워나갈 수 있습니다. 이 또한 무료로 사용할 수 있다는 점이 특징인데 하나의 기사를 읽게 되면 그 안에 관련된 학습 이미지 자료와 함께 여러 가지 생활 tip들을 알 수 있습니다. 검색란에서는 알고 싶은 정보에 대해서 영어로 적어나가면서 관련 지식들을 터득해나갈 수도 있는데 주어진 정보를 수동적으로 학습하는 것이 지겹다면 이렇게 능동적으로 정보를 습득하면서 공부해 나갈 수 있습니다.

듀오링고

https://www.duolingo.com/
https://www.youtube.com/user/duolingo

듀오링고 웹사이트와 앱을 활용해서 영어뿐만 아니라 전세계 많은 언어들을 무료로 학습할 수 있습니다. 주로 어휘, 리스닝, 독해 및 영작을 기반으로 학습을 진행하고 진단평가 기능을 통해서 학습자의 수준에 맞추어 커리큘럼이 진행되며 지속적인 테스트를 제공하여 성취도를 확인하면서 효율적으로 영어를 공부할 수 있습니다.

어원관련 학습
https://www.etymonline.com

이 사이트에서는 매우 방대한 단어들의 어원들을 확인해 볼 수 있습니다. 영어를 배워나가면서 궁금한 점 중 하나인 '이 단어는 왜 이렇게 생긴 것일까'에 대한 근본적인 답을 얻을 수 있는 사이트입니다. 하지만 초보자보다는 중급자나 고급영어 구사자들에게 유용한 사이트입니다. 예를 들면 hello라는 단어가 어디에서 나왔는지 생각해본 적 있으신가요? 이 사이트에서 hello를 입력하면 hollo라는 어원에서 나온 말이라고 설명합니다. 이는 hola, hala와 같은 외국어에서도 발견할 수 있는데 결국 무언가를 향하여 소리치는 소리를 의성어로 만든 것이 hello라는 결론에 이르게 됩니다. 어원을 기반으로 단어를 암기하는 과정에서 하나의 단어를 알면 다른 단어들을 파악하는 데에도 큰 도움이 될 수 있다는 것을 알게 될 것입니다.

영국
미국
공통

TED
https://www.ted.com/
https://www.youtube.com/user/TEDtalksDirector

TED에서는 영어를 공용어로 하여 세계 여러 명사들이 강연을 합니다. 그 강연을 들으며 내용 자체에 몰입할수록 자연스럽게 영어 리스닝 공부에 큰 도움이 됩니다. 특히 개인의 관심사에 따라서 적절한 연설을 추천해주는 기능도 학습자의 흥미를 돋우기에 충분합니다. 특히 TED는 지지부진한 옛날 이야기를 나누는 곳이 아니라 최근의 사람들이 가지고 있는 관심사를 반영하여 기술, 디자인, 사업 등과 같은 카테고리별 강연을 제공합니다. 만약 학습자가 한국인이라면 한국어 자막을 통해서 연설자가 하는 이야기를 보다 더 정확하게 이해할 수 있도록 도와줄 것입니다. 배경 지식을 가지고 언어 학습을 하는 것이 학습자의 영어학습에 도움이 될 수 있다는 '스키마 이론'에 근거한 이와 같은 방식이 고리타분한 문법 및 어휘 암기 등과 같은 기존의 공부 방식과는 달리 새롭게 다가올 것입니다.

특히 이 사이트를 처음 방문하는 분이라면 watch › playlist › 25 most popular talks에 들어가서 가장 유명한 TED 강연들을 먼저 살펴보는 것을 추천합니다. 세계 저명 인사들의 강연 중에서도 가장 유명한 강연들을 모아 놓은 부분이기 때문이죠. 이 중에서 Sir Ken Robinson의 ‹Do Schools Kill Creativity›, Simon Sinek의 ‹How Great Leaders Inspire Action›, Tony Robbins의 ‹Why We Do What We Do›, 그리고 Tim Urban의 ‹Inside The Mind Of A Master Procrastinator›는 인생을 살면서, 혹은 혁신적인 일을 하면서 들어야 하는 세기의 강연들입니다. TED는 어느 정도 영어 실력이 받쳐주어야 학습 능률이

향상되니 기본기를 단단히 다지고 난 후에 학습하는 것
을 추천드립니다.

영국 미국 영어

영국 영어

EngVid https://www.youtube.com/user/engvidenglish

영국남자

https://www.youtube.com/user/koreanenglishman

Korean Billy

미국 영어

https://www.youtube.com/channel/UCNRobsh9XQyR3VB65cnzyKA

Rachel English

https://www.youtube.com/user/rachelsenglish/

올리버샘

https://www.youtube.com/channel/UCicKQUi8h4NI81wDmrDBD4A

EnglishAnyone

https://www.youtube.com/user/EnglishAnyone

A
AN
THE
모든
관사를
설명 Ø
합니다

모든 관사를 설명합니다.
내 영어에 대한 OK 선언, OKer series

각기 약한 영어 틈새의 스펙트럼을
보여주고 채워주는 OKer 시리즈를
통해, 여러분의 영어에 스스로 OK를
선언할 날을 응원합니다.

스쳐 지나갔던 모든 관사를 정확히
이해해 보는 시간입니다

개념에 대한 정립부터 실제 구분해서
쓰는 방법까지 영어 문장들을 봐
온 만큼 관사를 봐 온 셈이지만
그렇다고 관사를 안다고 말하기는
애매합니다. 내 관사가 여전히 흐릿한
건, 문법적 앎과 실제 문장을 대하며
생기는 체감도 차이 때문일 것이라는
점에 착안해 기획했습니다. 모든 문장
속 모든 관사를 다룰 수 있으면, 즉
예외를 두지 않고 모두 다루면 전체의
상을 갖게 될 거라고 보았습니다.

관사의 범위 판단은 곧 관사의 이해

글의 장르에 따라 관사의 선택 범위나
빈도가 달라질 수 있습니다. 또한
관사 사용 분류를 5가지 경우로
나누어 반복의 반복을 거듭한
프랙티스가 되도록 하면, 범주의
이해가 곧 관사의 이해가 됩니다.
관사 선택은 뒤에 오는 명사의 특성에
따른 범주의 선택일 것이므로,
범주에 대한 이해가 분명해지는
만큼 관사에 대한 이해도 분명해질
테니까요.

　우리의 '관사적 고민, 관사적
태도'에 대해 짚어줄 수 있는 『모든
관사를 설명합니다』를 빈틈을 메우는
OKer series의 첫 권으로 준비해
보았습니다. 모든 관사에 대한 설명을
읽어보는 시도와 경험이 여러분의
관사에 대한 상을 그려줄
수 있기를 바랍니다.

Benjamin McBride 지음|
값 15,000원 | 페이지 368쪽 |
148×210mm (A5)